TO.

네가 있어 즐거운 일이 많아졌어

.FROM

하푸하푸,
네가 있어서
즐거운 일이
많아졌어

꿀때징 글·그림

꼼지락

차례

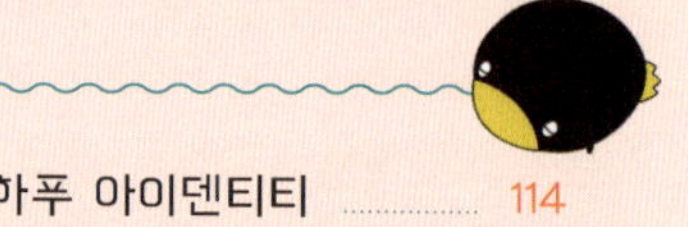

캐릭터 소개

하푸

새하얀 솜털만큼이나 새하얀 두뇌를 지닌 하프물범.
늘상 아기 같은 혀 짧은 발음을 해대지만
정작 본인은 모르고 있다.

꾸꼼

북극 꽁꽁해 최강의 포식자…라지만
알게 모르게 자기보다 강한 상대는
은근히 피해 다닌다고.

귄귄

남극에서 건너온 자칭 슈퍼펭귄.
다재다능하지만 허세와 과도한 욕심으로
안 맞아도 될 매까지 열심히 벌어 맞는 사나이.

모르는 게 없다는 괴짜 북극여우.
매일매일을 공부에 매달리는 데엔
특별한 이유가 있다고.

이빨아저씨

아무도 그를 이름으로 불러주지 않아
본인도 스스로의 본명이 뭔지
가물가물한 바다코끼리.

타푸

하푸를 업어 키운 동생.
덕분에 형제에 대한 관념이 다른 이들과 좀 다르다.

날 그런 눈으로… 

나 진짜 머그 꺼야?

날씨 져야,
그지?

응, 머거 치울 거야.
후엥…

근데 너 머하 꺼야?

하디만
나 생각보다
마덥떠!

너 머그 꺼야.
으앙!

니 친구들은
맛있던데.
으앙!

그럼 나
지금 머그 꺼야?
아니, 지금은 배불러서
안 머그 꺼야.
야호!
그럼 난 가보께.
배 꺼지면
잡아머그 꺼야.
으앙!
지금 먹어버린다.
후엥.

같이 놀자

노라?
그러디 말그,
우리 놀쟈!

배거파?
아직.

씬나게
띠놀다 보면 배거픈 것도
이쳐질 꺼야!

다행이다.

움…

배고픈 거 같기도
하고.
아냐!

넌 다리가 없어서
못 뛰잖아.
나빠!

펭귄 처음 봐?

나 띠는 거
대따 잘하거든!

끙짜, 바바!
엄청 빠르지!

한 바퀴
돌고 올 테니까,
기다려!

자꾸
도망치려고 한다,
너.
또또케…

꺼러럭~

머그 꺼야.
마시께
머거…

앙~

뽈뽈뽈

넌 누구야?
누구긴 누구야,
펭귄 처음 봐?

응, 처음 봐.
나두!

나도 니들
처음 보거든, 흥.

난 집에 가야 하니
니들끼리 놀라구.

뽈뽈뽈

넌 디저트로
머그 꺼야.
부땅해…
젠장.

'그것'의 시작

아오, 보자 보자
하니까 진짜.
뭐.

너 지금 내가
어떤 펭귄인지 몰라서 이러는 거지?
나 무서운 펭귄이야.

동네에서 귄귄
이름 두 자만 대면 홍해 갈리듯
길이 열렸어, 알아? 니가 그렇게
싸움을 잘해?

응, 잘해.
어우야,
말을 하지…
하챠냐.

이제 너 머그 꺼야.
후엥…

나 지짜
머그 꺼야?
물논.

이케 기여운데
머그 꺼야?

물논.
앙
아팟!!

쯪쯪

배거파,
머그 꺼 줘.

저기…
시끄덥떼두.

조개라두 먹을래?
져개 져아!

배거파.

살이 덜 차써,
부조캐 부조캐.

난 배부른데.
무 꺼야!

얘 살 많아.
이거 다
털빨이야,
털빨.

흠칫

정체 모를 흰 똥덩어리한테 마구 빨리고 있다.

복수할 테다

왜 무러!
아프쟈나!!
미안.

나, 나보다 더
맛난 게 이써!
정말?

근데 왜 온 거야?
나랑 노 꺼야?

그게 먼데?
그, 그게…
어…음, 어…

꺼러럭~

긴기니?

…나 머그 꺼구나.
응.

저주할 테다!
귀신이 되어
복수할 테다!!

대결

여기 온 지도
어언 일주일…
ㅋㅋ..

너같이 미개한
생물은 차여
마땅하다.
아프쟈냣!
왜 챠는 그야?

어서 고향으로 돌아가
영웅이 되야 하는데!
ㅋㅋ..

넌 두 발로 못 서고
땅을 기기 때문이지.
힝…
내가 왜 미개해.

ㅋㅋ..

그치만 긴기니도 움직일 땐
뽈뽈 기어다니쟈나?

이건 그냥 이유 없이
재수 없어, 아오.
아팟!
퍽!

말이 많아, 아오!
푹!
찌켜써!

물고기 빨리 먹기

왜케 시끄러.
쳇, 또 너냐. 눈 곰탱이.
후엥…

대결이믄 물고 뜯꼬 꿀밤꿀밤 하는 그야?
야만스럽게 그게 뭐니.

넌 저 곰탱이가 없으면 혼자서 아무것도 못 하는 겁쟁이야!

정정당당하게 스포츠로 5판 3승제! 다섯 경기 중 3번 먼저 이기면 승리하는 거지.

흥, 그럼 대결로 증명해보시지?
하푸는 겁째니 아냐! 용가매!
씨쿠
씨쿠

헤, 그러크나. 긴기니 화팅!

하푸
VS
낀낀

니랑 나랑 붙는 거라고! 아오, 이 똥멍청이가!
따갸!

사실 이 대결은
내가 이길 수밖에 없지.

올 해의 펭귄
뜨 둔
대결 종목들이 펭귄 대회 종목들이고,
내가 거기 매번 우승자기 때문이다!

이번 대결의 승리로
저 미물들이 나를
우러러보게 해주마!

귄 켈켈—
끝나고 나서
머하 꺼야?
그런 거
관심 X
너랑 재머그 꺼야.

첫 번째 종목은 구멍 속
물고기 빨리 빼 먹기!

켈켈켈~ 얼음 구멍 밖으로
물고기를 빼내는 건 나처럼 완벽한
부리가 있어야만 수월하다구~
삐~죽

그럼… 시작!
쭈 쭈

쭈ㅅ
쭈ㅅ
아, 너 그거 잘하지 참…

누구보다 빠르게 남들과는 다르게

착각의 늪

*그냥 제자리에 있었음

말도 안 돼… 이 귄귄이가 두 번이나 졌다고?

*볼이 가려워서 긁었음

워, 원래 승부는 삼 판째부터!
우쭐해하지 말라구, 똥멍청이!
그랭~
웨이럿미닛!
분하지만, 아무래도 정치적 행동을 조금 취해야겠군…
다음 경기에서 내 편을 들어주면 나를 자유롭게 먹을 수 있는 권식권을 주도록 하지.
과정이 어떻든 이기는 게 곧 승자! 심판을 매수한다!
날 먹어도 좋다.
두둥
아, 너 원래부터 자유롭게 드셨지요!

나, 모델이었어

후… 다음 경기에 앞서 짚고 넘어갈 게 있다.
넌 내가 무엇 때문에 저 곰탱이한테 자진해서 쫒쫒을 당했는지 알고 있나?

부리로 쪼기 전에 10초 내로 나의 변한 점을 찾아보도록.
어, 어… 구, 구게…

다리 길엇?

훗, 맞아. 난 사실 엄청 길고 예쁜 다리를 가진 펭귄 모델 출신이지!

내 다리를 봐! 관심 있게 보란 말야!
떼띠해…

그래, 이 섹시한 두 다리로 치를 다음 경기는…

바로 태권도다! 와다다다!

후후후… 이번에야말로
진짜 묵사발을 내버려주지.

표정을 보니
벌써 겁먹은
모양이지?
그러다
기권이라도
하겠어~
켈켈켈.

응, 나 기껀!
권권 승!

어챠피 이거 져두
내가 이기고 이짜나!
물논.

어디가 아파?

시간도 꽤 지났고 하니
밥 먹고 마저 하지.
져아!

감히 너 같은
미개한 생물이
나를 조롱해…?

그 건방진
죗값은 죽음으로
받아 가주마!

야, 하푸. 널 위해
기깔나는 조개를…

어…

누구 땜에 배고파 죽겠네.
꺼러럭~

전 이만 가볼게요…

여기 져개 이써!
쭛 쭛
올. 너 이녀석 처음으로 마음에 들었…

들어올 때는 마음대로 였지만 나갈 때는…
쭛쭛!

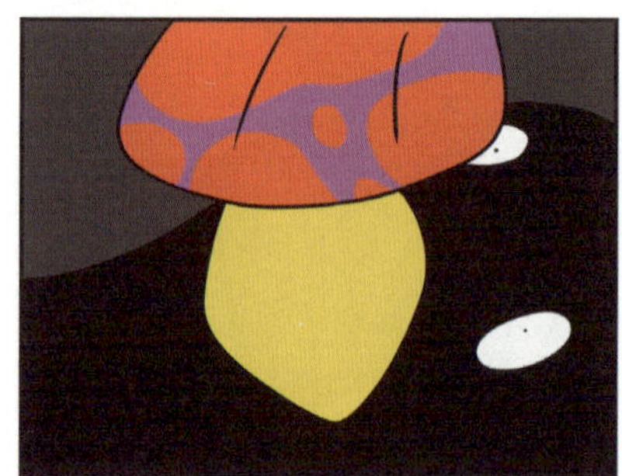

꿿뚩!!
앗, 왜 그대?
하… 하푸…
네… 이노옴…

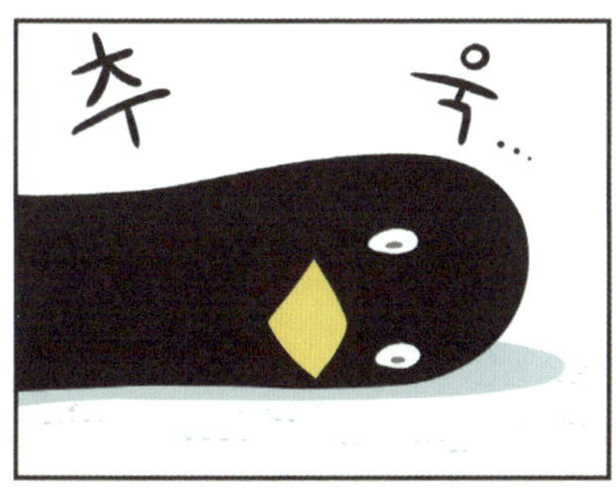
추 욱…

흐엥~
긴기니가 쥬거써…
꺼 엉
꺼 엉

너무 슬퍼 마,
좋은 데 갔을 거야.
후응… 푸응…

근데 꾸꼬미는
안 슬퍼?
딱히 걔랑
친하지도 않았구…

하디만 이제
쮸쭛 모 태.
꾸아앙!

뾰족뾰족 산으로 

권권이를 살릴 방법이 있어.
흐와, 먼데 먼데?

뾰족뾰족산에 살고 있는 뾰족도사는 이 세상에 못 고치는 병이 없다는 전설이 있어.

가댜! 뼈젹뼈젹 어름산으로!
긴기나 됴금만 기다리믄 다시 쮸쮸당할 수 이써!

헤~ 대다내! 구럼 꾸꼬미가 가서 데려오믄 대게따!

지체할 시간이 업땨! 빤니빤니 하동지동!

너 도시락으로 챙겨 가 꺼야.
그래…

조용히 안 하면 지금 먹어버린다.
미아내…

가끔은 아무 생각 없이
아무것도 안 하면서 마음껏 뒹굴어봐.
그래도 괜찮으니까.

도롱~
도롱~
화들짝!
헛챠!
깜빡 잠들
뻔했구먼.

잠들면 안 되지.
해야 할 일이 있었거든.
그게 뭐였더라…

도롱~
도롱~
아, 낮잠 자려고
했었지.

오, 꾸꼼이! 오랜만이군.
자네가 왜 여기 왔는지
알 것 같구먼.

뾰족뾰족산을 가는 법을
알기 위해 온 거겠지?

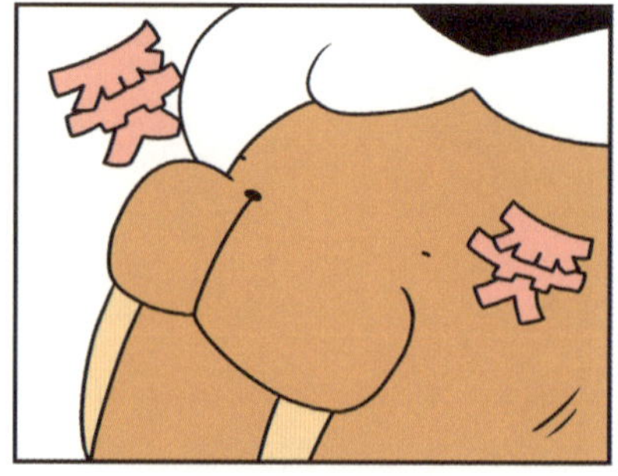
쫙
쫙

괴물의 정체

…뾰족뾰족 얼음산에 가려면
꼭 필요한 게 두 가지 있지.

맹렬한 추위에 버틸 수 있는
두터운 털옷과 정상에 오를 동안
먹을 수 있는 식량일세.

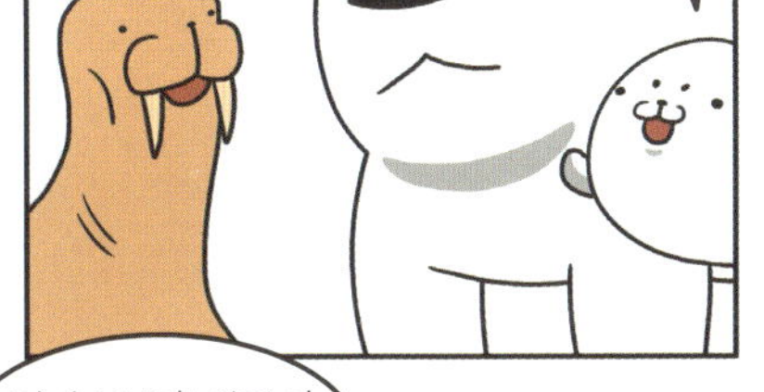

거야! 절대 식량이
모자랄 리 없지,
하하하!

아니, 대체 그때 왜
거기에 있었던 건가?

배고파서.

…그럼 이번에 다시
찾아가는 이유는?

아…
배고파.

괴짜 북극여우

구렁 뻐적뻐적 산으로
하겁지겁 아동바동!
그래.

-어늘 밤 산 위에 누는 하야캐 빈나고
발쟈극 하나 보이지 않눈 이고세 왕처럼 보이게찌~

-내 아내 부는 바람 거친 포풍 대어어어어~~!

-어떤 법칙또 날 속빠카지 모태! 난 자유야아~!

뵤족도사가
안 뵤조캐!
내 귀를 봐라,
욘석!

렛잇…
꺄!!
언 놈이 남의 집 앞에서
고성방가질이야?

뵤조캐!!
뜨 둔!

그래서, 나를 찾아온
이유가 뭐지?

웅웅, 그건 내 칭구
긴기니라는 애가…

샬랑~
져개를 머꾸 막
꿿뚩! 하구 막막
샬량샬량…

꺼리 만지게 해져!
안 돼,
안 만지게 해줘.
돌아가.
하악
하악

진실

배고파.

도시락 머그 꺼야.

꾸앙!

탈출

날름

이 조개에는 '꿹뚫 해파리'의 독이 묻어 있구나. 이 독을 먹게 되면 입에서 꿹뚫! 소리가 나오게 되지.

긴기니도 꿹뚫! 해써!

그다지 위험한 독은 아니라 가벼운 복통만 일으키고 마는데… 겨우 이거 알아보려고 여기까지 온 거야?

후, 갔군. 멍청한 놈들…

내 탁월한 연기력으로 저 똥멍청이들을 감쪽같이 속여 넘겼다! 이걸로 승부도 흐지부지되고 탈출할 시간도 벌었지.

렌즈 →

이 기회를 틈타 남극으로 귀환하는 거다!

꾸앙!

꾸아앙!
뭐야, 왜 이렇게 빨리 내려왔어? 거기다 왜 혼자??

이렇게 된 이상 이판사판, 강행돌파다!
스윽

METAL GEAR GUINGUIN

?

!
Alert

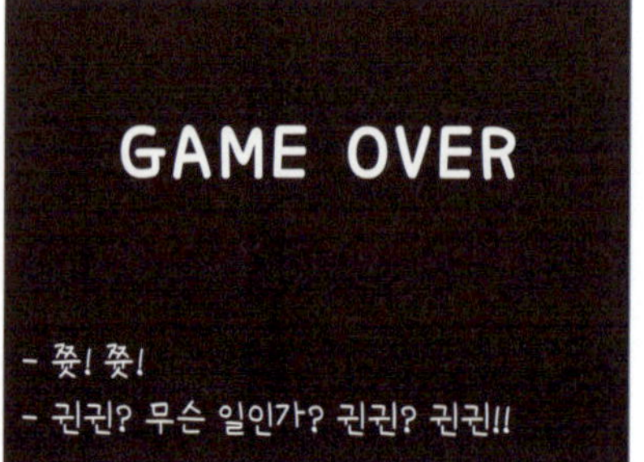
GAME OVER
- 쫓! 쫓!
- 귄귄? 무슨 일인가? 귄귄? 귄귄!!

의리!

구넘 이만 가보께! 잘 지내 뵤죠기!
잠깐.
너같이 연약한 동물이 혼자서 어떻게 여기까지 온 거지? 그리고 이젠 또 어떻게 내려가려고?
갸웃
에헴! 구건 바러 나의 베푸 쮸쬿 칭구 꾸꼬미가…
척
업쎳?!!
…좀 모자라는군.
상식적으로 북극곰과 하프물범은 친구가 아닌 포식자와 피식자의 관계. 그러니까 굳이 먹히려고 다시 돌아갈 필요는 없단 말이지.
안 댓! 난 도라가야 한다규!
빼액!
그렇게까지 땡깡 피우는 이유는 또 뭐람?
바로 꾸꼬미와 나으 으리! 지금 딱 쮸쬿하고 시퍼 할 때라구!
으리

쳇… 하푸 그놈은
지금쯤 멀리 달아났겠지.
나 같아도 이런 기회는
놓치지 않을 테니.

너 되게 낯설다 

뭐 하냐, 똥멍청이?
어쭈, 이게 형님 말을 씹어? 쪼여볼 테냐?
니 얼굴을 쪼사 버려줄까?
옴메! 이게 무슨 일이여? 그 멍충하던 녀석이 무슨 입에 방사능을 물었나…
음, 아무래도 하등 동물답게 배가 고파지면 이성을 잃고 난폭해지는 모양이군.
배가 고프다 → 화가 난다 → 흑화한다 → 죽. 인. 다
짜식, 형이 귄심 한번 쓴다. 쬿쬿해!
쨧쨧이나 먹어.
짜악!!
오 마이 아이!

어떻게 나한테 이래 

쳇, 하푸 자식…
기껏 생각해줬더니
이렇게 되갚아?

꾸꼬마 꾸꼬마!
나 너한테 할 말 이써!

좋아…
피의 복수를
시작해주지.

이쨔나…
나 사실 너룰…
너룰…

야! 하푸가 너 보고
쭟쭟밖에 못 하는
슈퍼 뚱땡이라던데?

쭟쭟밖에
할 줄 모르는 슈퍼 뚱땡이로
보고 있다 짜샤.

속았지?

꾸꼼이 저거 다~
거짓말인 거 아시죠?
속아 넘어가지 마!
팔랑
아오, 귄질이 뻔쳐서 증말!
니가 나보고 슈퍼 뚱땡이라
한 거 귄귄이가 다 들었대.
긴기니가?!
야, 인마! 너 나한테는 그래놓고
이러기 있어? 어, 있냐고오오!
살려져~
그래… 그런 말을
했단 말이지…
저 봐! 본색이
나오고 있어!
너 인누 와.
아닙니다.
아닙니다.
이거
거짓말입니다.
아닙니다아아!
왈
너므행…
칵
츄롱~
하푸우우우!!

진주를 찾아서

도롱~
도롱~

안녕하신가, 꼬마친구.
난 염염할아버지라네.
아, 네…
아, 안녕하세요…
움찔!

쿠르르르
릉

우리 할멈에게 선물로 줄 진주를 깜빡 잃어버렸지 뭔가. 그래서 이리 찾아다니고 있는데 도통 보이지 않는구먼.

뭐, 뭐야… 이 지진은…?

음, 혹시 그 진주가 어떻게 생겼는지 알 수 있을까요? 생긴 걸 알면 찾는 데 도움을 드릴 수도 있을까 싶은데.

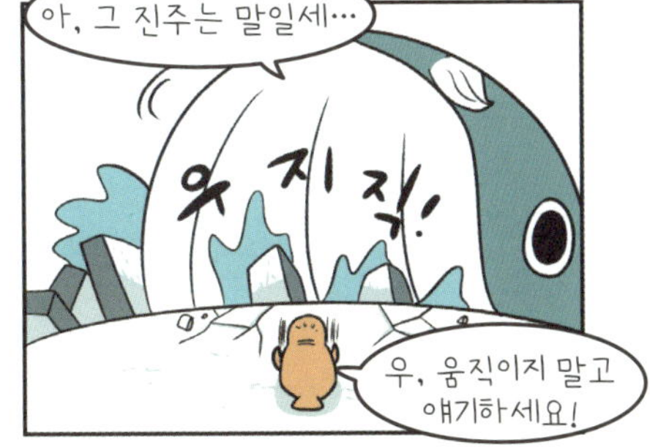

아, 그 진주는 말일세…
우지직!
우, 움직이지 말고 얘기하세요!

젊은 시절 난 할멈에게 한눈에 반해버려 온종일 할멈만 졸졸 따라다녔다네. 그녀를 위해선 세상 어느 거라도 바칠 수 있었어.
그녀가 진주를 좋아한다는 걸 알게 되자마자 심해의 대왕 오징어와 혈투를 벌여 진주를 얻었고 그걸로 결혼에 골인할 수 있었지.
?
…진주는 오징어가 아니고 조개에서 나오는 거 아닌가?
뭐 불만이라도 있는 표정인데?
그, 그럴 리가요. 너무 아름다운 러브 스토리에 그만 넋을 잃고 말았답니다. 하하하…!
둥글고 빛나
그 진주를 마지막으로 가지고 있었을 때가 언제죠?
음, 그날은 할멈이 내게 진주를 맡아달라 했었지.
진주를 입에 소중히 물고 헤엄쳐 가던 도중…
아주 으리으리한 청어 떼를 마주치게 된 거야!
정말 맛있었지. 매우 딜리셔스.
그니까 진주는 어쨌냐고.

킨~풍
하~암.
무료하구먼…

간질
간질

에휴, 저건 또
뭐 하냐.
낑!
낑!

진심 노답이다.
데굴

데굴
굴
굴

할멈이 오기 전에
찾아놔야 하는데…
퍽!
얽!

응? 저건?

찾았다!

여긴 어디?

내가 삼킨 게
진주가 아니라고?
뭐, 좀 이따가
나오겠지.
뿍
핫!
뭐지…? 그 흉악한 하얀 악마 놈이
한순간에 끝장나버렸다.
휴아~ 다따패
준눈 줄 아라써…
내 숙원이 이루어진 거야!
드디어… 드디어!
여긴 어다?
아니지, 저놈이
없어지면 쫒쫒이
두 배로 느는구나!

구하러 간다! 

상식적으로 생각해보자구, 하푸를 구할 수 있는 확률을 말야.

하푸를 구하려면 저 무식하게 큰 고래 배 속으로 들어가야 하는데… 들어가는 건 그렇다 치더라도 다시 나오는 방법은 소화되는 것 말곤 사실상 전무. 자살행위나 마찬가지다.

그래… 목숨을 거는 도박보단 그냥 쭂쭂에 적응하는게. 적응… 적… 으…

미션 귄파서블

무리야, 무리! 어떻게 다시 나오려고?
다 방법이 있지.

넉넉한 길이의 밧줄로 몸을 묶어 뛰어내린 뒤, 밧줄을 잡고 있던 두 손으로 끌어당기면 무사히 나올 수 있지.

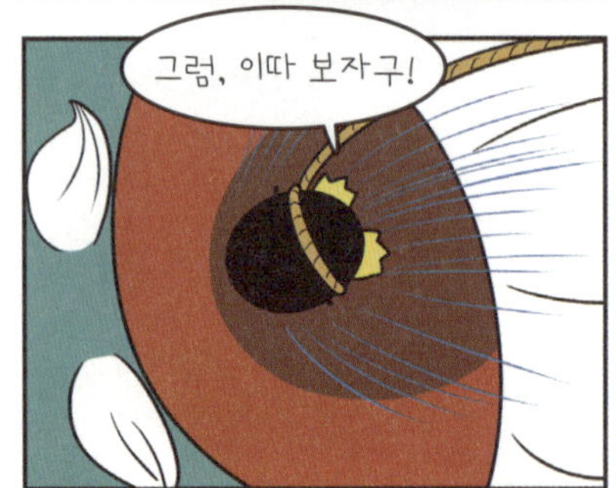
그럼, 이따 보자구!

쵸로록

처억

좋아, 진입은 완벽하다. 밧줄도 이빨 뚱땡이가 잘 잡고 있을 테니 성공이군.

오드리
오드리
후잉…
여기 너모
므셔므셔…

이거 어쩐다…
들어간 녀석들을
나 혼자선 구할 수
없는데…

야, 하푸!
어디 있냐!
이 모쏘린… 긴기니?

뾰족도사라면
답을 알고 있을지도
모르지만, 내가 오르기엔
저 산은 너무
험난해.

긴기나, 날 그하러
와꾸나!

역시 남은 건
꾸꼼이 그 친구인가.
그럼 그 친구한테 가서
구원 요청을…

죽이려고 왔다!
이 백뚱땡이!!

…하하하,
그 친구 말고도
다른 방법이 있을 거야!
암, 그렇고말고!

친구와 나눌수록

마음은 부자가 돼.

걱정하지 말아요

팔이 짧아 슬픈 짐승

형이 거기서 왜 나와?

헥··· 헥···
패는 것도 일이군.
데미지 X

그나저나 늦기 전에 어서 여길 나가야 해.
어케 나가?

들어오는 구멍이 있으면 나가는 구멍도 있기 마련! 구멍을 찾아보자구.

떵꺼!
그렇게 적나라하게 말하지 마, 저질아!!

져아!
어쨌든 일단은 여기저기 돌아다녀 보자구.

열씨열씨미 챠즐 끄야!

이랴!
무겊!

어림도 없지!
내려아아아아아~

그동안 네놈에게
당한 수모에 비하면
이건 약과라구.

게다가 여기선 그 무식한
곰탱이가 방해할 일도 없으니,
천천히 나의 복수를
즐겨보실까!

니, 니, 니, 니, 니, 니, 니가
어떻게 여기에…?
꾸꼬미 안냥!

물고기 잡아먹고 있다가
커다란 거에 삼켜졌어.

그, 그렇구나 우리도
방금 막 들어왔지~
저얼대 니 험담 같은 건
하지 않았으니까…

그게 모야?

그깟 진주

대왕님이야?
엇차! 이건 대왕 진주잖아? 이게 왜 여기 굴러다녀?

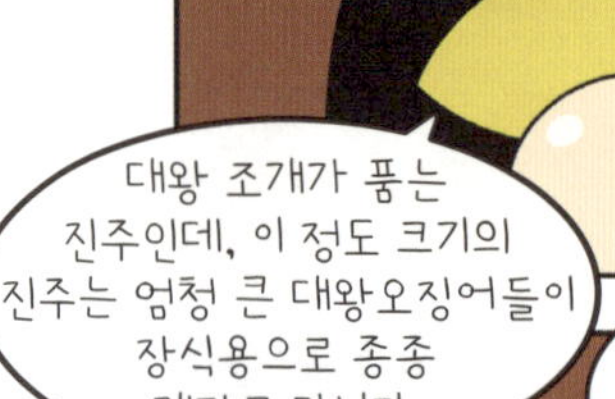

대왕 조개가 품는 진주인데, 이 정도 크기의 진주는 엄청 큰 대왕오징어들이 장식용으로 종종 매달고 다니지.
아무리 너라도 이런 진주를 지닌 오징어랑 싸우진 못할 텐데, 어디서 구한 거야?

구냥 굴러다니길래. 주웠어.

우음… 갑자기 배가…
쑤루룩

지금 응가하시면 안 돼요! 아직 배 속에 애들이 있다구요!

그 배 아니거든? 웃겨, 정말.
정색
아, 네…

소유욕

비록 모양이 바뀌긴 했지만 진주는 여전히 존재한다. 어느 하나 사라진 구석 없이 온전한 그 자체라구.

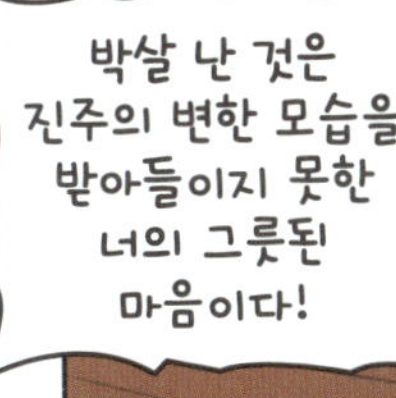

쿵
긴기낫!!

기, 긴기나…

긴기나아앙!!

어? 긴기니 심쨩이 빤쑤빤쑤해!
…죽은 척하는 거잖아. 절로 꺼져, 좀…

퍼
억!

와! 꾸꼬미가 우릴 그해져써!

내 쫒쫒들이야.

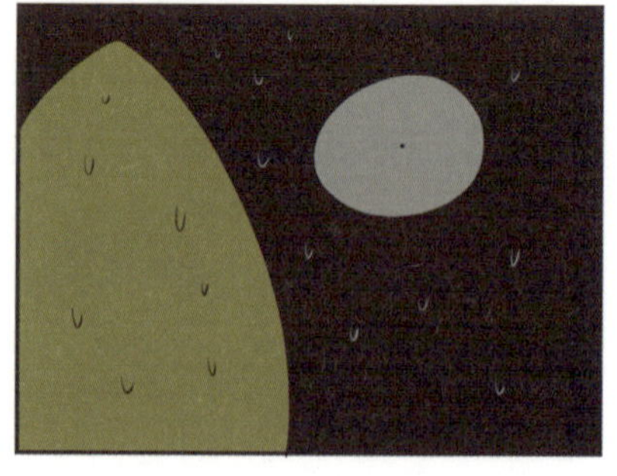

배부른 곳

근데 생각해보니
이상하네?
꿘떡

쳇, 말이 되는
소리를… 우리가
기생충도 아니고
어떻게 여기서
양분을 섭취할
수 있냐?

너희같이 덩치 큰
놈들이 어떻게 여기서
아무것도 안 먹고
버틸 수 있던 거야?

기생충이었냐?
탱
배블러~
탱

여긴 아무 데나
쭍쭍할 수 있어.
우럭
우럭

그, 그럼 나도
쭍쭍할 거야!
…나도 알고 있다고.
부리로는 쭍쭍 못 한다는 거.
그래도 혹시 모르니
한번 해본 거야.
꿘우룩..
왜 쮸쮸타지를
모타니…

이상하게 실시간으로
살이 쭉쭉 빠지는 느낌이란
말이지.
떡이나…

햄버케!
여긴 천그기야!
스울—

뜨갸!!
치이익!

이거써…
뚝
응?
이 물방울은…

크, 큰일이다!
소화액이 나오고 있어!

너까지…

음, 슬슬
배가 고픈데.
꼬르륵~
지금 배고프면
곤란한데요?

배고프면
소화액이 나와서
애들이 위험할 수
있으니 배고픔을
억누를 방법을
생각하자구요!

흠…

…그렇게
먹혔습니다.
뚝!
치이—
뭐라 하고 싶은데
뭐라 하지 못하겠다.

대충 짐작하기론
할아버지가 진주를 삼킨 거
같은데, 기왕 이리된 거
찾아서 나가자구.
지, 진주?
깐짓!

넘실
넘실
여하간 다행이도
기울어진 곳에 고여 있어서
위험하진 않겠어.

후훗, 이봐 자네도
바로 앞의 물질만
보고 있구먼.
입 만지지 마.

음, 이제쯤
할멈이 돌아올
시간인데…
별수 없지.
돌아갈까.

우주에 떠다니는 무궁무진한
별들을 올려다봐. 우리 눈앞에 보이는
작디작은 진주는 저 빛나는 무수한
진짜 진주들에 비하면 한낱 돌멩이에
불과하지. 진짜 진주는 언제나
우리와 함께하고 있는 거야.
파
하

어허이~ 펭귄 말은
끝까지 들어야지.
그러니까 그 진주라는 게
거시기…
알겠으니까
진주 찾자.

오징어 화났다!

이런, 하푸가 뒤쳐졌어!
가티가~

아으, 이 상황에 뭘 놓고 와!
아, 마따! 노코 와써!

자연은 적자생존! 뒤쳐지면 죽는 거야!

찐드찐드기! 헌자 무셔서 울고 이쓸 끄야!

버리 끄야…?
조륵

야, 그 뇌도 없는 놈이 울긴 뭘 울어! 좋아하는 진주랑 사이좋게 소화나 되라고 해!

으아아아~ 이 웬수덩어리!
헤~ 숭숭해!

생각해보면 내가
생각이 짧았어. 함부로
남을 폄하하면 안 되는
거였는데 말이야.

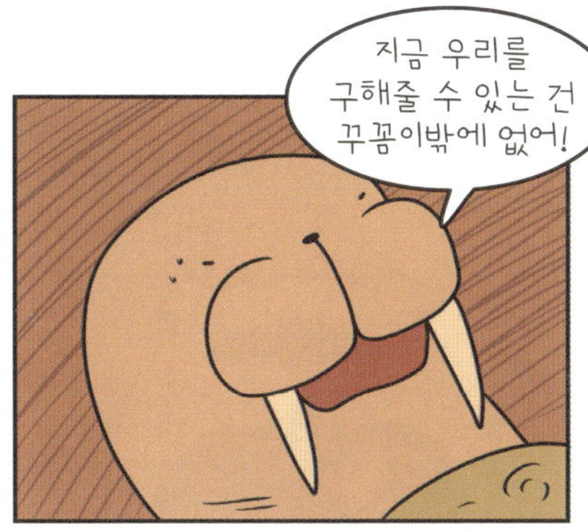
지금 우리를
구해줄 수 있는 건
꾸꼼이밖에 없어!

아프로는 더땀만 하는
긴기니가 대도로 케.

꾸꼬마, 도와져!!

허허, 덕담 좋지…
근데 말야…

아둔한 것들 같으니…
그놈한테 구해지는 게
구해지는 거냐?

그것도 살아야
하든가 말든가
할 거 아냐!

먹을 거밖에
모르는 무식한 곰탱이한테
평생 쫏쫏당하느니
여기서 죽는 게 나아.

나왔다!

헉헉…
이대로는 끝이 없겠어!

저기 매달릴 께 이써!

멍청하게 뛰지만 말고 나갈 구멍을 찾으란 말이다. 이 하등 생물체들아!

모두 꽉 잡아! 떨어지지 않게!

떵꺼!
아니, 하푸! 무슨 상스러운 말을…

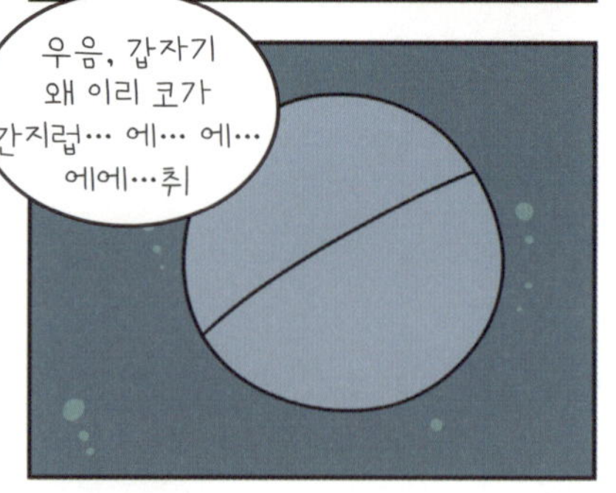
우음, 갑자기 왜 이리 코가 간지럽… 에… 에… 에에…취

품위 있게 항문이라 하는 거예요~
진짜 암 걸릴 거 같다.

파
악

젠장…
이대로 죽는 건가…
남극에 돌아가보지
못하고…
…귀나…
귄귄아!

으아!
귄순이는 어디 가고
니가 있어?
저리 꺼져!!
발
랑
후엥~

귄귄아, 일어나!
귄귄아!
귀, 귄순이?
어떻게 여길…?
나를 만나러 여기까지
찾아온 거야?

오호, 꼬마친구들.
다시 만나니 반갑구먼!

귄순아!!
와
락

자네들이 나왔으니
잃어버린 대왕 진주 찾는 게
한층 수월해지겠어!
허
허

진주 부자

할아버지에게 그 진주가 소중한 진짜 이유가 뭔가요? 단순히 진주가 값어치 있는 물건이라서?
아니에요. 그 진주가 소중한 이유는 할머니를 향한 젊은 날 할아버지의 사랑을 담고 있기 때문입니다. 결국 진짜 소중한 건 진주가 아닌 할아버지의 마음이에요.
음… 듣고 보니 맞는 말이군.
그쵸? 그니까 이제 그 진주는 찾지 마세요.
그 말을 들으니 더더욱 내 소중한 마음이 담긴 진주를 찾아야겠어!
맞아요, 맞아! 분명 다른 바다에 떨어뜨리신 걸 거예요!
지, 진주는 샅샅이 찾아봤지만 없었어요!
아무렴요! 이 넓은 바다 어딘가에 있을 거예요!
흐음, 그런가?
그럼~ 바다는 무지무지 넓지!
마쟈! 긴기니가 깨브셔서 먼지가 대쓰니 므지므지 멀리 날라가쓰 꺼야!
고럼고럼~ 먼지가 되어~ 날아가겠지이~

진주를…
박살 냈단 말이지…?
히이익!
용서해주세요!
고오오오
그럼 198번째
진주를 꺼낼
차례로군.
…198번?
분명 결혼 선물
진주라고?
결혼 선물로
999개의 진주를
준비했었거든.
하나쯤이야 별거 아니니
신경 쓰지 말게.
별거 아님 찾질 말라고…
좌절감이 사나이를
키우는 것이다!
그럼 잘 있게나,
콩알친구들.
부족해, 부족해.
뭔가 결정적인 게
빠진 이 느낌…
이거 마무리가
왜 이래?
만두 먹고 양치
안 한 기분인걸.
내가 그 부족함을
채워줄 수 있지♡
역시 그거지!

플러스 마이너스

꺼러럭—

배거파.

근데 기차나.

여즘 꾸꼬미가 안 버여.
므슨 이리지?
흥, 그게
왜 궁금하냐? 쯧쯧
안 당하니 좋구먼.
구래서 긴기니
살쪄써!
뚱
부은 거그든.
웃겨, 증말.

꾸꼬미를 만나러
가버쨔!
껀뚱
껀뚱
야, 너 언제
달리기 연습했냐.
좀 빠르다?
빠직
빠직

푸슈—
빈대떠기 되써!

후앙~ 꾸꼬미가 이부리 대버려써!
잠깐, 이건 기회야!
지금껏 저 흉악무도한 곰탱이한테 착취당한 세월을 생각하면 부리가 떨려.
움직이지 못하는 이때, 백배 천배로 갚아주마.
히익 용서해줘! 제발 쭞쭞만은…
쭞쭞당하고 싶냐?
꾸꼬미를 대덜리기 위해 뾰조기를 챠쟈가쟈!
아니, 인마. 대책 없이 일 키우지 말라고.
저 험준한 산을 너 혼자 어떻게 올라가려고? 올라간다 쳐도 내려왔을 땐 저 곰탱이가 이모텝이 되어 있을걸.
그 뾰족인지 뭐시기가 뭔 바람이 불어 참치라도 먹고 싶어 스스로 내려오지 않는 이상 불가능하다고.
안녕, 참치가 너무 먹고 싶어서 잠깐 내려왔어.
그런데 그것이 실제로 일어났습니다.
뾰조기 안냥!
파블로프의 권귄

흠, 이건 '기차니기차니병' 이군.
그게 머야?
걸리면 세상만사가 다 귀찮아져서 먹는 것조차 귀찮아서 아무것도 안 하게 되는 무서운 병이지.
기 차 나~~

거기다 이 이상 방치하면 정말로 죽을 수도 있어.
꾸꼬미 쥬것?
아니, 네 뒤에 있는 지방 덩어리가 쫓쫓 안 당하면 말이야.
귄척
귄척
아, 나만 덥냐? 에어컨 좀 틀어봐.

귀차니즘

이 한 멈 쮸쮸당해서 꾸꼬미를 살리게쎠!

쟈, 꾸꼬마. 어서 날 사뎡업씨 쮸쮸태!

쫓 쫓

쮸 슈~
뿅
삼키기두 기찬쿠나…

이렇게 많은 별들이
나를 지켜보고 있어.

하루도 빠지지 않고.

후훗, 저 꼴을 보라지! 볼품없이 말라 비틀어진 몰골을 말이야!
이 병은 귀찮음이 해야 할 일보다 훨씬 커졌을 때 생기는 병이야.
기 차 나
일
요새 대세는 마블리 같은 짐승남! 나같이 듬직한 덩치를 지녀야 이성한테 어필이 가능하지.
후우-
후우-
뭐, 너희 하는 일이라곤 뒹구는 것밖에 없으니 저 아이의 경우 그 뒹구는 것도 안 하고 자버리는 게 일상에서 더 우위가 되어버렸다 할 수 있지.
코 코..
근데 여기 왜케 덥냐, 아오…
니들도 그렇게 생각하지 않아? 이 귄블리의 몸매 말야!
지금의 쟤 입장에선 그렇다고 봐야겠지?
구넘 나 쮸쮸타는 거뽀다 쟈는 게 더 죠타는 그야?
그건 굉장히 서운할 때 걸리는 '시무르크시무르크병'이야.
이건 또 왜 쭈구리 됐어?
하무룩..
왜들 표정이 썩어 있어? 니들도 덥구나?

이상형
간단해, 귀찮은 일보다 더 즐거운 일이 생기면 되지.
구넘 기챠니는 어케 고쳐?
힝구..
구넘 꾸꼬미 여치니 만들기 대쟈쪈이야! 우선 꾸꼬미 이상형브터 아라보쟈!
츄
뭐, 수많은 즐거운 일 중 역시 직빵은 역시나 연애 초기의 알콩달콩함이 아니겠어?
여내가 그케 씬나?
꾸꼬미는 여치니가 어때쓰면 조케써?
꾸움…
곰 곰 히—
…너, 연애 한 번도 안 해본 거냐?
그런 거 그렇게 기운차게 대답하는 거 아니야.
웅!
산쳐바다써…
너보다 맛있었으면 좋겠어.
힝구..

신라 지증왕은 거대한 체구 때문에 일반 여자랑은 결혼하지 못했대. 인연도 일단 사이즈가 비슷해야지.
이빨 아자씨는 쵸큼 쟈꼬…
염염 할부지는 너모 크고…
그럼 역시 적임자는 딱 한 명뿐.
쓱딱 쓱딱
뭘 뚫어지게 봐? 잘생긴 펭귄 처음 봐?
소개팅
이게 무슨 해괴망측한 말이야! 빈정 상해, 흥칫뿡빵뿡!
씩코 씩크
하디만 꾸꼬미를 위한 그야!
마쵸
위하든 말든, 나 같은 상남자가 여장이 가당키나 해? 이 터질 듯한 근육 봐!
하긴, 체형부터 남다르면 문제가 있긴 하겠다. 기껏 준비한 이 예쁜 드레스가 소용없게 생겼군.
후우— 후우—
입어보고 싶다능…
상상 이상으로 기분 나빠.

이 세상에 빛나지 않는 보석은 없어.
다듬어지지 않은 원석만 있을 뿐.

원석을 다듬을 줄
아는 사람을 만나야 비로소
보석이 되는 법이야.

어때? 보석이 된 나의 자태가?

안녕하세요.
소개받고 나온 귄파니예요.
참고로 전 아주 도도하답니다.

꾸꼼 씨는 취미가
어떻게 되시죠?
쯧쯧.

오싹
호, 호호!
꾸꼼 씨 참 유우머러스하시다!
그런 취미가 어딨어~ 좀 더 구체적으로
말씀해주시는 게…

난 원한다, 쯧쯧을.
누구를? 너를.

하, 하지만 꾸꼼 씨는
기차니기차니병 때문에 쫏쫏
하는 것도 귀찮으시면서!

넌 쫏쫏해보고 싶어.

덜
덜
덜
덜
방금 프러포즈
한 거지?
겨런식!

너의 웨딩드레스

멋대로 뭔 놈의 결혼식!
난 약혼녀가 있다고!
찌찟!
꼬
집!

귄몸이 죽고 죽어
귄백번 고쳐 죽어

백골이 진토되어
넋이라도 있고 없고

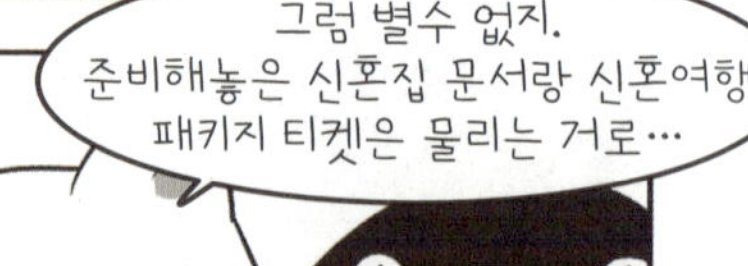

그럼 별수 없지.
준비해놓은 신혼집 문서랑 신혼여행
패키지 티켓은 물리는 거로…
일편단심이고 뭐고.
아유~ 그런 걸 준비해두셨으면
진작 말씀하시지!

하지만 나한테
웨딩드레스 같은 거
입힐 생각은 마! 남자의
마지막 자존심이야!

까믄 터리
파쁘리 대더럭 라브라브하눈
브브가 대더럭!

내, 내가 언제?
그리고 왜 나만
여자 역할 두 번이나 해!
불공평하다구!
아깐 죠타구
이버쓰묘서.

뻐뻐!
너무 빨라
이 자식아!!

음… 좋아.
그럼 공평하게 하자.

츄
하라면 해!

공평하게
둘 다 입는 거야!
아이 예쁘다~

꺽
만세~ 꾸꼬미가
다시 뜬뜬해져써!
꾸고미 머
하고 시퍼?
이제 당장
하고픈 것을 하면
완전히 나을 수 있어.
몰라서 물어?
텁
팡
기차나~

얼음이 녹고 있어 

에… 너모 더어…

그래더 나눈 꺼꺼이 위에
이써써 다해니야~

웅?
쑤
욱

꺅! 어름이 노고 이써!!

후앙…
뎜뎜 가라안코 이써…

COOL
마댜! 꺼리로 열씨미
파다기를 하믄 어르미 쎠해져서
안 너글 꺼야!

당쟝 파다파다기!
쿵
쩌
적!

파들
파들

그러고보면 하푸 녀석 볼수록 수상하단 말이지.
또 무슨 멍청한 짓을 하고 있냐?
기, 기기아! 아 엉 으에어!!
똥멍청이 주제에 천하의 이 귄귄이를 매번 골탕 먹이고 심지어 암살 시도까지 하고…
널 좀 구해달라고? 내가 왜? 와이? 나니?
우에 아이어 앗안 알야!
설마?
멍청한 새대가리 녀석, 우월한 포유류인 이 몸께서 놀아주는 줄도 모르고!
물에 빠질 거 같다고? 어쩌라고, 너 헤엄칠 줄 알잖아.
1초나마 그런 생각을 한 내 자신이 수치스럽다.

하푸에게 형제가?! 

아~ 심심해.
이놈의 동네는 뭐
놀거리가 없냐.

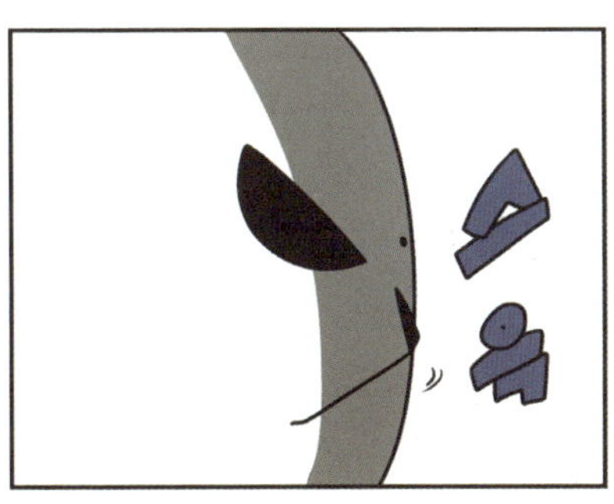

으억 백궁뎅이가
하나 더?
타프! 언제
더라언 거야?
잘 지냈어,
하푸?
타프 이데 완져니
더라온 그야?
이데 가치 살스 이써?
미안, 잠시 머물다
다시 떠나야 해.
아직 세상을
다 못 돌아봤거든.
방금 막 도착했어.
건강해 보이니 다행이야.
그래더 타프가
더라와서 뎡말 기뻐!
이런 뻔한 전개쯤
안 봐도 블루레이지.
타푸인지 뭐시기가
니 쌍둥이 형이지?
올~ 나름 참신했음.
아냐! 타프는
내 덩생, 하프가
한참 형!!
북극곰??

어! 꾸꼬미다! 꾸꼬마 머믄 갠찬…
하푸!! 뒤로 물러나 있어!
하푸!! 뭐 하는 거야, 어서 도망치지 않고!
웅? 왜 더망쳐? 꾸꼬미는 칭그야!
네놈, 하푸에겐 발가락 하나 못 댄다! 이 몸이 상대해주지!
흉포
이런 흉폭한 짐승이 무슨 친구야? 널 잡아먹을 거라고!
이 비겁한 놈, 도망치는 거냐?
꼬미는 나 안 쟈바머거. 배거플 때 져금 쮸쮸타는 거 뿌니야.
……?
꾸꼬미 올먄! 이제 기챦치 아나?
그게 잡아먹히는 거라고…
공감되는 당사자→

이런 기분 처음이야

하푸, 이런 곰탱이랑 친구라니! 있을 수 없어!
든는 검탱이 서써파 게 구러는 거 아냐.
네놈은 하푸 친구라면서 대체 뭘 한 거야? 그나마 정신 좀 박히고 덩치도 큰 네가 하푸를 잘 지켜줬어야지!
벌써 잊은 거야? 우리 부모님이 북극곰에게 돌아가셨던 걸!
자, 여기 작은 물고기와 큰 물고기가 있다. 둘의 공통점은 뭘까요?
쿠
쿵
공통점? 크기도 다르고 색도 다른데 공통점이랄 게…
??
쳇, 당연히 넘어갈 줄 알았는데…
엄빠 여행 가 인눈데 므슨 서리야! 나뿐말 하믄 꿀밤꿀밤 하 끄야!
크든 작든 생선은 먹혀…

웃기는 소리 하지 마! 하푸는 물고기 따위가 아니라구!
이 모든 사단의 원흉은 바로 흉악무도한 네놈에게 있다! 그 죗값, 내 손으로 치르게 해주마.
두둥
와, 듣는 물고기 기분 나쁘네. 너 지금 어류 무시하냐? 왜 우리가 따위 취급을 받아야 해?
어? 아, 아니… 그런 뜻은…
이 느낌… 녀석의 얼굴에서 느낄 수 있다. 분명히…
지금 포유류라고 유세 떠는 거야 뭐야, 엉? 이거 완전 동물차별주의자네!! 앞으로 멸치국물도 없을 줄 알아!!
그, 그게 아니고 주어진 대본이 그런 거라…
바글
바글
굳게 닫은 입술… 매서운 눈초리… 날카로운 콧등까지… 그래, 분명 저것은 그것의 상이다!
누가 어류를 무시하느냐?
당신은 포유류잖아! 등장 배경으로 해일 일으키지 말라고!!
쯧쯧
쯧쯧
쯧쯧의 상.
아흥. 이거 기분 이상햇!

수련 시작?!

도롱-
도롱-
왜 내가 말만 꺼내면 싫다 하는 거냐고, 앙?
힝, 하디만 타프가 하쟈는 거뚜룬 너모 힘들단 마랴…
하푸 녀석… 너무 태평한거 아냐? 저러다간 순식간에 먹잇감이 되어버린다구.
못마땅
그렇게 나약해가지고 어떻게 이 험난한 야생에서 살아남으려고 그래!
더군다나 이곳은 그때 그 무자비한 거대 괴수 놈이 있는 생지옥. 이대로 하푸를 방치할 순 없어!
아무것도 하지 않고 빈둥거리고 있다간 머지않아 그 꾸꼼이란 괴물한테 몽땅 잡아먹혀버리고 말걸!
흠
칫
하푸! 나랑 같이 수련하자!!
아 내~
이, 이건 절대 누워 있는 게 아냐. 브레이킨 댄스 연습이지!
쉐
킷
쉐
킷
쩍-
나, 난 이빨 굽혀펴기!

하푸, 처음으로 생존 욕구를 느끼다

타프 미어!
더망치 끄야!
앗, 하푸!
…구래서 막
꾸꼬미가 나 짜비짜비
하끄라구.
꺼어엉
꺼어엉
저렇게 약해 빠져가지고
이렇게 위험한 곳에서 어떻게
살아남으려고…
누가 봐도 니가
제일 위험해…
그런 오해가 있었구나.
괜찮아.
근데 저거 안 잡아도 돼?
제 딴에는 나름대로 죽을 동
살 동 도망치는 거 같은데.
구티? 타프가 막
어해하그 인눈 그지?
구럼구럼~ 난 널
절대 잡아먹지 않아.
죽자 살자
도망쳐봤자 시속 0.5키로
이하로 나오거든.
하둥… 지둥
요만큼
여태 멸종 안 하고
뭐 했냐.
그런 의미에서
쫒쫒 한 번 하고 얘기
마저 하자.
구래…
꺼러럭

섭섭해

왜 그렇게 필요 이상으로 하푸를 감싸고 도는 거야?
하푸는 내 형이니까. 당연히 내가 지켜야지!

근데 말야, 보통은 형이 동생을 지켜주는 거 같은데 너흰 완전 반대라구.

그래, 보통은 형이 동생을 지켜주지.

형이 동생을 지켜주는 거였어?
형제가 쌍으로 똥멍청이야.

원래는 형이 동생을 지켜주는 거라고…?
하푸가 나를 지켜준다면…

여 타프! 이 형만 미더! 이 형이 원 꿀밤 뜨리 팝커니야!

끝내주잖아!!
←마초 성애자
도키
도키

하푸~ 하푸! 있잖아, 있잖아!
하푸는 내가 막 깡패들한테 두들겨 맞고 돌아오면 어떻게 해줄 거야?
기대
기대
허~ 해주 끄야.
타프 빤나~ 빠르니까 마찌 말그 더망쳐~
하푸 바보!
파다다닥
어떻게! 어떻게 하푸가 나한테 그럴 수 있어!
형제라면 막 그럴 때 몸을 던져서 복수해줘야 사나이 아니냐고!
내가 지금까지 해준 게 얼만데, 흥이라고 흥흥!!
아오! 그딴 걸 왜 나한테 따지냐고!! 콧구멍을 네 개로 만들어줘?

위험은 멀지 않은 곳에 도사리고 있습니다
-공익광고협의회 띠리딩 띵

하푸, 도와줘!

느려터진 곰탱이 주제에 날 잡을 수 있을까?
싹
잠깐… 생각해보니 하푸의 마초성을 깨우려면 저 녀석을 이용하는 편이 좋겠어.
흥
흥
흥, 이 곰탱이 녀석! 착각하지 말고 들어!
이렇게 쉴 새 없이 회전하고 있으면 말이지 후후.
그… 내가 하푸의 보호본능을 자극할 상황이 필요하니. 정말 싫지만 어쩔 수 없이 네가 음… 그, 그걸 하는 걸 허락해줄 수도.
머, 멀미가 나게 돼. 귀미테 붙일걸…
욱
쭗쭗해달라고?
그렇게 적나라하게 말하지 마, 멍청아!!

이 머써린 타프?
하, 하푸! 도와줘!
쳇, 하푸 녀석… 그렇게 나왔다 이거지…
하푸. 나 쫒쫒 당하고 있어. 도와줘…
나도 흥이라 이거야! 앞으로 한 개도 안 도와줄 거라고!
타, 타프…!
넌 다 먹었음 가버리지. 왜 여기 있어 곰탱아!
는치 업씨 져은 시간 방해해서 먄~ 하든 거 계서케!
그딴 눈치만 빠른 거냐앗!
너 충전되면 다시 머그 꺼야.
으앙!

책 속엔 세상 모든 것이 담겨 있진 않지만
마음 속 세상엔 모든 것을 담을 수 있어.

뾰족도사

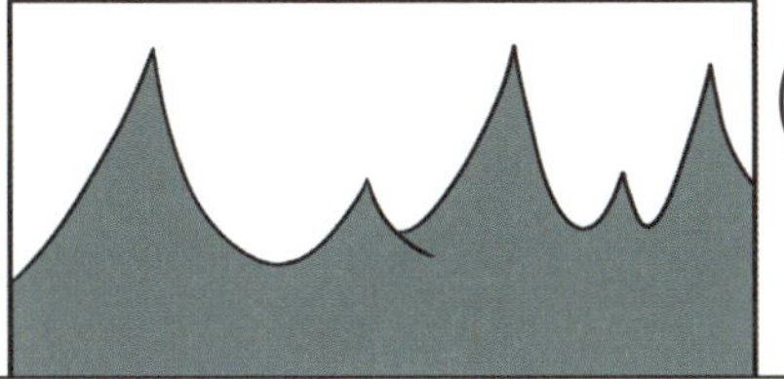

꽁꽁해에서 가장 높은 산인 뾰족뾰족산은
보기만 해도 아야 할 거같이
뾰족뾰족하게도 솟아 있어요.

그런 무서운 뾰족뾰족산 정상에는
새하얀 솜털을 지닌 뾰족도사가
살고 있답니다.

뾰족도사는 아주 똑똑해서 모르는 게
없다고 소문난 꽁꽁해 최고의 박사님이에요.
훗

하지만 너무 똑똑해서 성격이 괴팍해진
까닭인지 친구 없이 왕따로
혼자 지내고 있답니다.
누가 왕따야!
그리고 안 괴팍해!

내, 참… 나같이
지극히 정상적인 동물이
또 어딨다고. 의심되면
내 일상을 지켜봐도 돼.

여가 시간엔
동굴에서 느긋이 책을 읽는
여유를 가지지.

배가 고프면
눈에 묻어둔 생선을 동굴 안에서
맛있게 먹고
냐
무

졸리면 동굴 안에서
숙면을 취하지. 어딜 봐서 내가
괴팍하다는 거야?

흥. 어쨌든
난 이제 쉬어야 하니
이만 나가줬으면
좋겠어.

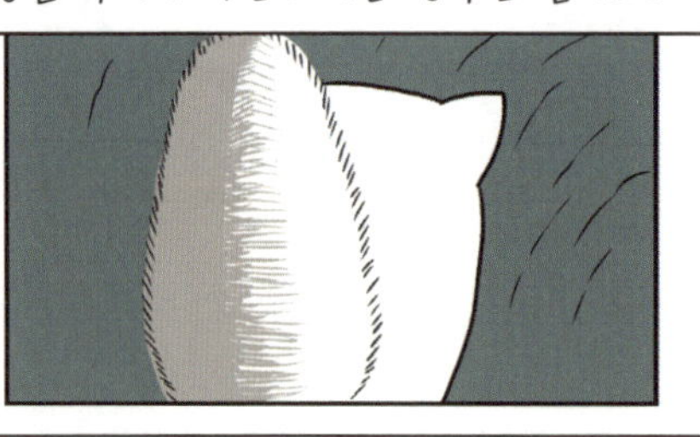
이렇게 또 혼자만의 동굴로 들어가는 뾰족도사.
타인과의 교류가 단절된 자신만의
동굴 속에서 과연 그녀는 행복한 걸까요?

사실 뾰족도사도 원래부터 이런 히키코모리는
아니었어요. 그녀가 이렇게 된 건 가슴 아픈
사연이 있었기 때문이죠. 그 사연이란…

누가 히키코모리냐.
그리고 자꾸 종이 뒤에
쫑알거릴래?
힝… 만화
진행시켜야 한다구…

뾰족도사가 어릴 땐 동네에서 알아주는
천방지축이었답니다.
다
다
다

우와!
이 아찌 되게 지방지방해!
짱돼지!
허허… 손이 있었으면
죽빵인데…

야호! 엄청나게 큰
하얀 푸딩산이다!

굳이 공부하지 않아도
자연스레 살아가면서
필요한 것들을 배워가고
있었지요. 누구는 절대
건들면 안 된다든가…

그것(it)

맨날 놀기만 해선 안 돼. 오늘은 엄마랑 같이 공부하자!

시~러! 난 공부가 젤 시러!

조금만 하고 놀자, 착하지?
시러! 절대 안 해!!

그렇게 공부 안 하고 놀기만 하면 아랫동네 바보 물범 아저씨처럼 되는데도?
책 펴써.

공부했으니 난 바보 안 돼!

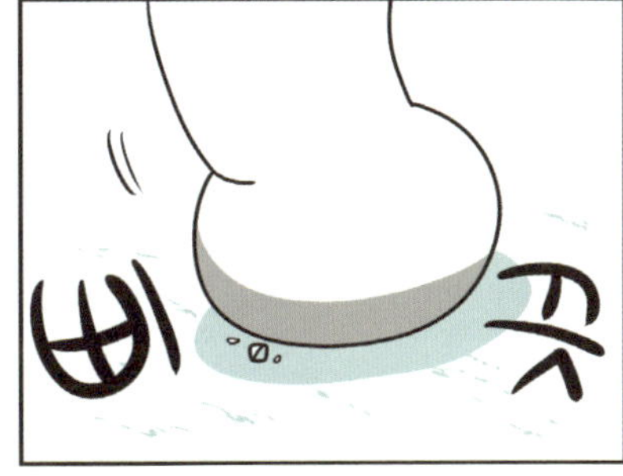
삐 끗

데 굴
데 굴

후응…
엄청 높은 곳에서
떨어져버려써…

흥! 그래도
이까짓쯤 마구마구 뛰어
올라갈 수 있어!

우다다다다!!

쩍

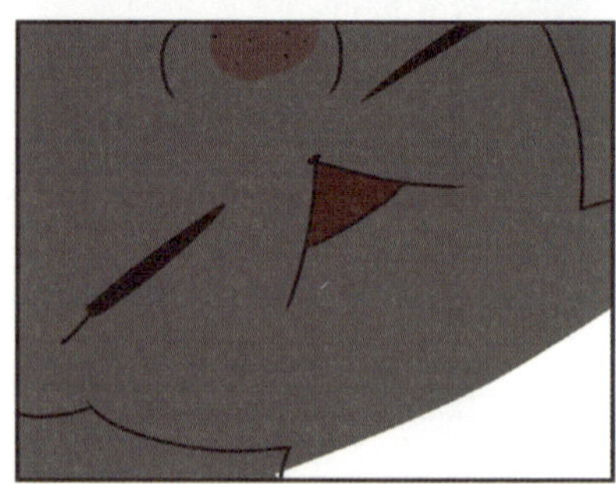

꺄!!

미안하구나,
놀래킬 생각은
없었는데…
오드리
오드리

응? 여기가 어디지?
냥떠러지에 있었던 거
같은데…?

진정을 좀 하고
그만 떨려무나.

일어났니…?

하, 하지만
자꾸 몸이 으슬으슬
떨리는걸요…

꺄!!

아. 보일러 트는 걸
깜빡했네.
……
딕

괴물이 사는 벌판

넌 어쩌다 여기 오게 된 거니?
실수로 굴러 떨어져써요.

집에 돌아가야겠구나.
넹! 엄마가 많이 걱정하실 거에요!

흠… 실수로 떨어지는 동물들이 많구나. 경고문이라도 붙여야 하나…

음… 저 절벽은 너한테 너무 높을 테니 사다리를 만들어야겠다.

후에? 그런 동물들이 많았다면 돌아와서 낭떠러지가 있다고 알려줬을 텐데?

웅? 사다리?
하지만 여기 그런 거 만들 재료가…
더리
더리

다 죽었거든.
꺄!

여기 뼈들이 잔뜩 있으니 걱정 마렴.
꺄!

그, 그, 그 뼈 주인들은
어케 쥬근 거예요?
오드리 오드리

뾰족이가
왜 이리 늦게까지
안 돌아오는 거지?
여보, 나 왔소~

너처럼 절벽에서
떨어졌지. 넌 가벼워서 다행이지만
다른 동물들은 아니었어.

우리 뾰족이가
여태 안 들어왔어요,
어쩌면 좋아요?
아니, 이 시간까지?
어디로 놀러 갔길래?

휴, 난 또…
아찌가 잡아먹은 줄
알았자나요.
휴

추어추어 벌판으로
아침부터 놀러 나갔는데…
아니, 그곳으로
갔단 말이오?

음, 확실히 맛있긴 했지.

거긴 그 괴물이 있는
곳이잖소!

나도 잡아먹을
거에요…?
만화 내용하곤
상관없이 왜 우리가
등장한 거지?
더쨔뷴드리
우리가 안 나와서
서비서비하셔때.
이곳에선 먹을 것을
구하기 어렵다 보니, 피치 못하게
목숨을 잃은 동물들만 먹이로
삼았을 뿐이야.
헤헤, 그러고 보면
우린 인기 좀 있는 거 같아!
그 곰탱이 놈은 아무도
안 찾잖아?
마댜마댜! 꾸꼬미
인기 업쎠!
나도 이곳을
벗어나고 싶단다.

괴물의 정체

나도 예전에는 너처럼 눈송이 같은
솜털이 가득 감싸진 몸을 가졌었단다.

햐~ 씨원하다!
역시 바다가
짱이야!

그리고 아주 친한
친구까지 있었지.
오늘은 바다
가기로 한 날!
씬나게
놀아보자구!

엇?
이, 이건 뭐지??

바다야, 우리가 왔다!

으아아아아~
몸에 계속 달라붙어!
찐득

넘
실
그날 바다를 가지 않았더라면…

무슨 일이야?

오지 마!
너도 위험해!
조금만 기다려,
내가 갈게!

너까지 달라붙어 버린다구!
상관없어!
너를 꼭
구할 거야!!

파
악

안 돼!!

쏴
아

…으음…
여긴?

아, 맞아!
꼬랑아!

!!

무사했구나!
정말 다행이야. 나 몸이 조금
무거워진 거 같아.

잠깐 기다려봐…
내 말을 들어보면…

이 괴물 자식!
내 친구 돌려줘!!
괴물?

아…

아파, 그만해!
나 꼬랑이야.
왜 이러는 거야?

마을 동물들을 모아 와서
반드시 복수하고 말 테야!

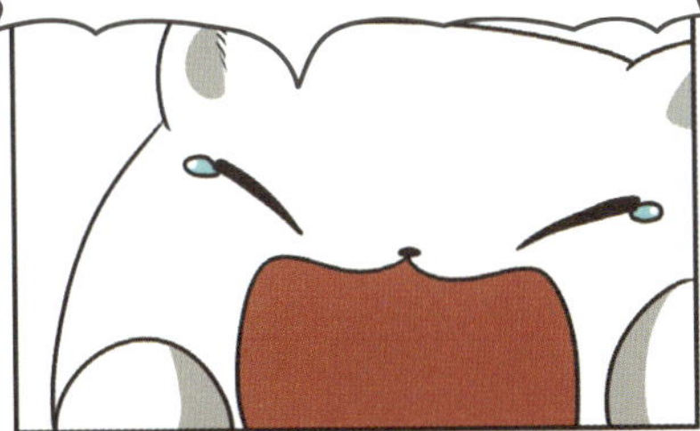
네가 내 친구를 집어삼켰잖아!
내 친구를 돌려달란 말이야!

…그때 확실하게
숨통을 끊어놔야 했어. 이번에야말로
확실하게 결단 내주마.

사실은…

후응… 아찌 친구는 왜 아찌 말을 들어주지 않았을까요?
아무래도 내 변한 모습 때문이겠지. 내가 봐도 무서운 모습이니까.
우리 아빠가 겉모습으로만 판단하는 건 나쁜 거라고 했어요!
정말 훌륭한 아버지를 뒀구나.
다, 다 들리니까, 너무 가까이는…
우리 모두 힘을 합쳐 뾰족이를 구하고 그 괴물을 퇴치합시다!
하지만 그 괴물의 덩치가 무척 크다고 하셨잖아요. 우리만 가지고 될까요?
음 확실히 그건 걱정거리군…
아! 그러고 보니 꾸꼼이라는 덩치 큰 친구가 있다고 하던데. 그 친구에게 도움을 청하는 게 어때요?
다들 어디 가시는 거에요?
허허… 그러고 보니 집에 가스밸브를 안 잠그고 왔네.
난 집 떠나 5분이 지나면 죽는 체질이야.

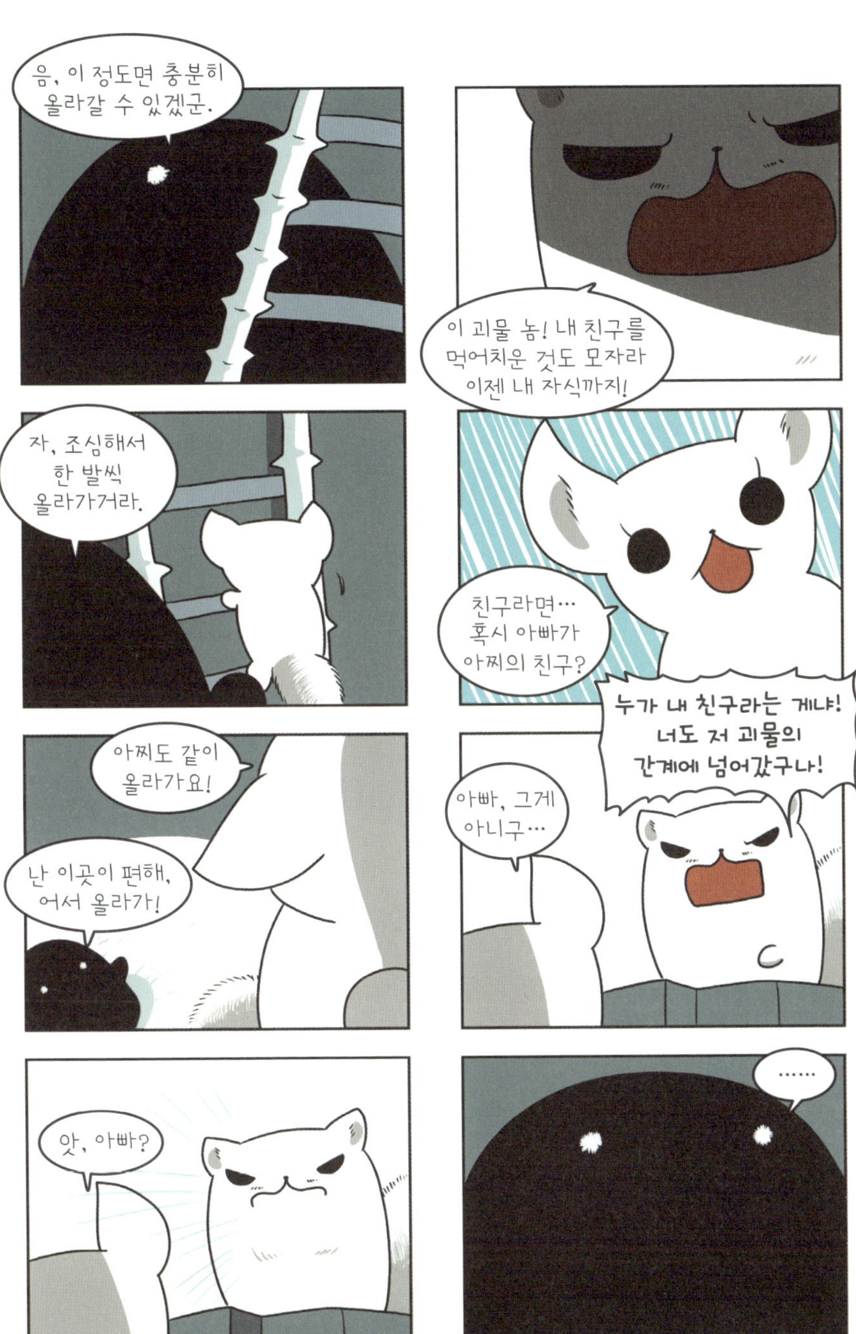
음, 이 정도면 충분히 올라갈 수 있겠군.
이 괴물 놈! 내 친구를 먹어치운 것도 모자라 이젠 내 자식까지!
자, 조심해서 한 발씩 올라가거라.
친구라면… 혹시 아빠가 아찌의 친구?
누가 내 친구라는 게냐! 너도 저 괴물의 간계에 넘어갔구나!
아찌도 같이 올라가요!
난 이곳이 편해, 어서 올라가!
아빠, 그게 아니구…
앗, 아빠?
……

기다려요

얼른 이리 와라! 저 괴물이 너를 먹으려 들 거야!
싫어요, 아니란 말예요!
한 번만 더 눈에 띄면 그땐 진짜 가만 안 두겠어! 평생 그곳에 처박혀 있으라고!
아빠 나빠!! 왜 생긴 걸로 모든 걸 판단해?
아찌!
아찌가 모습이 저렇다고 하는 말이 다 거짓말이라 하는 건 나쁜 거란 말이에요!
뾰족아…
내가 꼭꼭 아찌의 병을 고쳐줄게요! 공부 잔뜩잔뜩 해서… 꼭이요!!
비록 아찌가 무시무시하고 무자비하고 차마 눈 뜨고 못 볼 정도로 끔찍하게 생겼지만! 그렇게 생겼어도 그럼 안 되는 거에요!
음… 애가 아직 어려서 말에 악의가 있지는…
……
약속해요!!

집에 돌아온 뾰족이는 그렇게 하기 싫어하던 공부를 하기 시작했어요.
자신이 꼬랑이 아저씨와 한 약속을 지키기 위해서는 똑똑해지는 수밖에 없다고 생각했거든요.

새로 생겼다던 물고기 무한리필집 괜찮은 거 같던데?
아, 마따! 여기 개무리 살고 이따 해써!
으잉? 뭔 괴물?
웅웅, 예저네 드룬 건데 절벽 아래러 끌거 내려가 쨔비쨔비하는 므서운 개무리 이때.
으, 생각만 해도 너 같다. 절벽 쪽으론 얼씬도 하지 말자구.

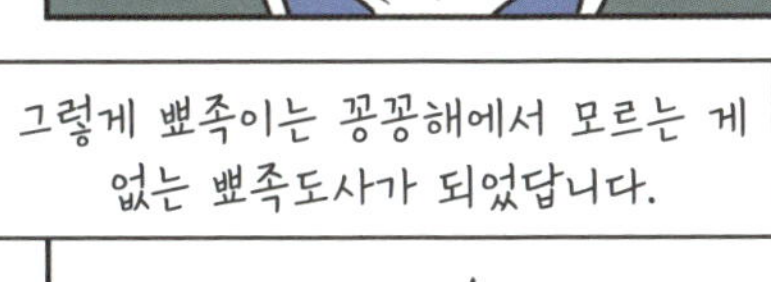
뾰족이는 집을 나와 오로지 공부에만 집중할 수 있는 곳을 찾았어요. 그리고 그곳에서 오늘도 열심히 공부에 전념하고 있답니다.
그렇게 뾰족이는 꽁꽁해에서 모르는 게 없는 뾰족도사가 되었답니다.

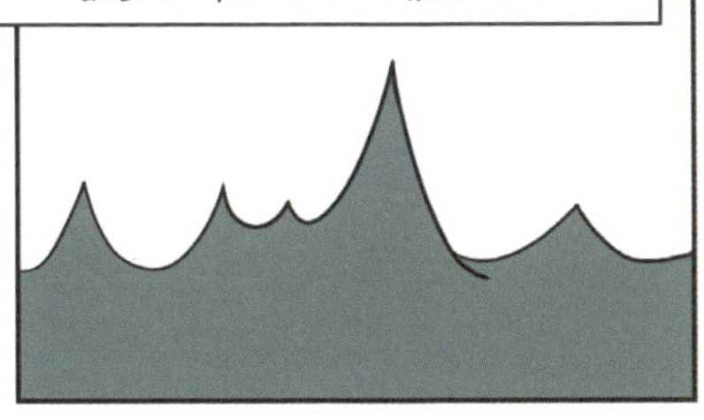

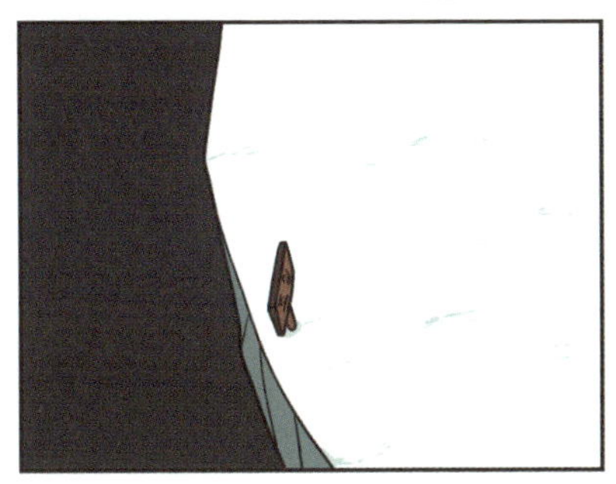

이 만화 장르

이 만화 장르 : 하푸하푸

속보) 북극 불법 체류자 '귄모씨'
살인 혐의로 구속! 평소 피해자 하모씨와
잦은 다툼 있었던 것으로…

미안하다, 하푸…
하지만 산 펭귄은
살아야지.
나름대로 양지바른
얼음 밑에 묻어줄게.

피고에게
무귄징역을
선고한다!
안 돼!!

머 해?
끼얂ㅇㄴㄷㄴ당낭
ㅁ나랕ㄴ라달!!

내 귄생… 끝내
이 좁디좁은 감방에서
마감하는구나…

아, 아…
이, 이건… 요새 유행하는
삽질운동이라고.
혼자 운동하기 좋아서.
뭘 그리 놀라?
그 삽은 뭐고?

흑흑…
그건 절대 안 돼.
귄순이를 위해서라도…

뒤에 하푸 있구먼
무슨 혼자야. 그리고 운동하지 마,
쯧쯧감 떨어져.

하푸 아이덴티티

하, 하, 하, 하, 하
하, 하, 하푸?
어, 저, 그, 혹시…
머리가 좀 띵하거나 어지럽고
그러지 않아? 쉬고 싶다든가…

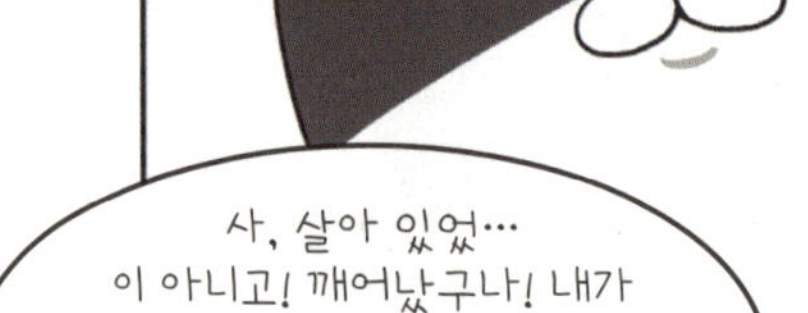
사, 살아 있었…
이 아니고! 깨어났구나! 내가
지극정성으로 간호한 보람이 있었어!
안 그래도 편히 누이려고 이렇게 푹신한
구덩이도 준비하는 중이었거든.
하하하핳…

아직 날이 저물지
아니하였거늘 어찌 몸을
누이려 하겠는가?

그것 참 고마운 말이로고!
이리 멋진 친구들 얼굴을 보고 있자니
감개무량하고 무척이나 기쁘이!

왜들 그러는가?
마치 일어날 수 없는 걸
본 듯한 표정들일세.

쭍쭍을 해주면
원래대로
돌아올 거야.
뭔가 묘하게
꼬인 기분이지만 썩
나쁘지만은 않아.
곰 붕―
내 쭍쭍은
약 쭍쭍~
잠깐,
꾸꼼이 이 친구야.
무의미한 짓은
그만두게.
이대로 그때 그 일을
자연스레 묻어갈 수
있을테니 나한테는 오히려
다행이지…
빡
생물학적으로 식육목인 자네가
날 쪽쪽 빤다고 해서 아무런 생물학적
에너지를 얻을 수 없고, 굳이 섭취해야
한다면 지방을 먹어야 생존에
유리할 걸세.
염려해주어 송구스럽구먼.
안 그래도 아까 전 어떤 괴한이 날 절벽에
몰아 굴러떨어진 일이 있었네만.
하하, 난 또
무슨 일이라도 있는 줄 알았네!
멀쩡해 보이니 다행이다, 야!
불행히도
얼굴이 기억나진
않으나, 이 명석한
두뇌를 이용해서
반드시 법의 준엄한
심판을 받게 할
것일세!

그, 그래!
조심히 들어가!
그럼 소생은 이만
귀가해보도록 하겠네,
아우님이 기다리고
있으이.
이봐 백곰탱이!
지금 그렇게
멘붕하고 있을 때가
아니라고!
어떡하지…
뭔진 몰라도
더럽게 똑똑해진
저 똥멍청이가
범인이 나인 걸
밝히는 건
시간문제일
텐데…
다시 하푸를 바보로
돌려놓지 못한다면, 영원히
그 탐스러운 백궁뎅이를
쫒쫒하지 못할 거야!
흑흑…
이럴 때 모르는 게 없는
뾰족도사가 참치가 먹고 싶어
내려와준다면 모든 게
해결될 텐데…
마자…
무한한 쫒쫒을 위해
하푸를 원래대로
되돌려놔야 해.
그럼그럼. 결코
나 좋자고 하는 게
아니여라~
첫..
…두 번은
안 먹히는군.
그 전에 쫒쫒
한 번 해서 원기를
보충해야겠어.
…그래, 슬슬
빨릴 때라
생각했지.

하바돌 출범

태어나서 처음으로 형한테 먹을 거
양보받았을 때의 흔한 감동.jpg

철밥통 뺏긴 곰무원의 흔한 분노.jpg

창과 방패

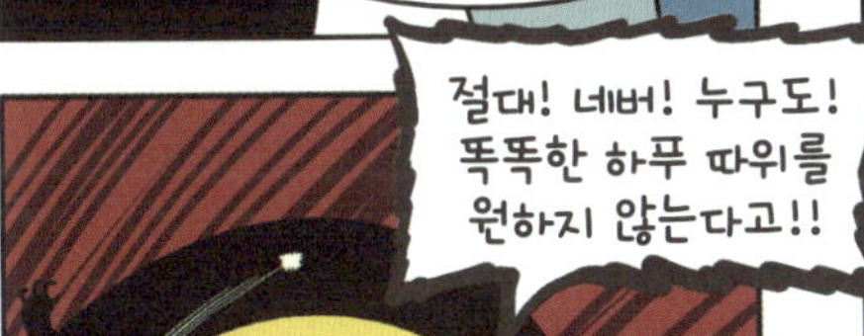

웅웅! 마이쪄!

먹을 만한가? 우리 아우님 먹는 모습만 봐도 배가 부르구먼그려.

함께 있으면
언제나 친구야.

후후, 안녕
우리 귀염둥이
솜뭉치 친구들?
엇, 니가
여긴 왜…?
히히, 못된 짓 할 테다!
이익!
아아, 별건
아니고 그저 하푸한테 볼일이
있어서. 저얼~대 이상한 거
아니니 자리 좀 비켜줄래?
상냥
하푸한텐
발가락 하나 못 대!
궭!
오뜨케
아라찌?
웃기지 마! 하푸를
해치려는 거지!
전 세계를 누비며
바다 호랑이라 불렸던 내가
너 따위한테 질 거 같아?
그래,
인정하지.
난 못 이겨.
거참 희한하네,
절대 수상하게 보일 일이
없었는데… 그치?
구럼구럼.
……
하.지.만
꾸꼼이 출동하면
어떨까?

꾸꼼으로
말할 거 같으면 헤비급의 파워와
플라이급의 스피드를 가진
지상 최강의 생물!

슉

섀도 곰싱

슉

훗, 그런 허세뿐인
말에 내가 겁먹을 줄 알았나?
무엇보다 지금의 난 절대
물러날 수 없다.

훗

하푸를 지키기 위해서라면
이 목숨 하나 아깝지 않다!
너 따위 곰탱이는 두렵지 않아!!

말은 그렇지만
몸은 솔직하군.

하, 하, 하, 하,
하, 하, 한 개도
무, 무, 무, 무섭지…

달콤한 꿈

히히, 어디 보자!
난 아직 준비가 안 됐어!!

웜홀 이동 같은 저 속도를 따라잡으려면 이 다리론 무리겠군.
짧뚱

무, 물범 살려!!
히히, 죽일 거야!

하지만, 그건 어디까지나 '이 상태'였을 때의 얘기지.

전력질주 시속 0.5키로 따위가 도망쳐봐야 귄바닥 안이지.

쭈욱

콰아아아
0.5광속이었냐?

히히!! 따라잡을 테다!!
성큼
성큼
끼야악!!

팔척귄귄

먼 훗날 귄귄이 그날을 회상하길, 똥과 멍청이라는 최악의 조합이라도 세상 그 무엇보다 아름다워 보일 수 있다는 걸 깨닫는 날이었다 한다

어느 깊은 가을밤, 잠에서 깨어난
제자가 울고 있었다.
그 모습을 본 스승이 기이하게 여겨
제자에게 물었다.

"무서운 꿈을 꾸었느냐?"
"아닙니다."
"슬픈 꿈을 꾸었느냐?"
"아닙니다, 달콤한 꿈을 꾸었습니다."

"그런데 왜 그리 슬피 우느냐?"
제자는 흐르는 눈물을 닦아내며
나지막히 말했다.

"그 꿈은 이루어질 수 없기 때문입니다."

사랑의 도피?

아오, 대체 이 야밤에 누가 시끄럽게 소란이야?

음…

응? 원래 저기에 저렇게 큰 산맥이 있었었나?

눈뜨자마자 보이는 게 똥덩어리라니 절망스런 아침이군.

흠 냐..

콰아아

뭐, 그래도 악몽에서 깨어났으니 다행이라 여길까.

옳소.

흐암~ 긴기니 근머닝.
웅? 긴기니 여기 왜 이써?
왜 있을 거 같냐.

헤…
긴기니랑 나랑 두리서
나므 덩덩 타거 이써.

훗, 무슨 이린지 알게끈.

절대 아냐!
더피 더피해!
날 덕챠지하거 시퍼서
사랑에 더피를 해끄나!

망
망
정말 망망대해
한복판이구먼…

이대러 덩덩
떠내려가는 그야?
니가 무슨 해파리냐?
지능은 비슷하겠지만.

떠내려온 지
얼마 안 된 거 같으니 열심히
헤엄쳐서 다시 육지로
되돌아가야지.

그러니까 어서
헤엄을…

고귀한 생명체 

히이이익! 버,버,범고래?
저 흉악한 놈이 여기에?

아이고, 맙소사.
우린 다 죽었어!
딘뎡해.

저 파다기를 바,
저건 상어 파다기니까
거쪙 마!
훗, 상어였구나.
난 또.

상어는 니 안 잡아먹는대냐,
아오, 이걸!

으아아아, 뒤집힌다!

풍 덩!

아이고, 맙소사.
우린 이제 죽었어!

개보크?

여, 꾸꼼이! 이게 대체 얼마 만의 출연인가 허허. 그래, 무슨 일인고?
하푸랑 귄귄이가 사라졌어.
기어이 둘만의 사랑의 도피를…
근데 그 둘이 사라졌다고 굳이 나한테 올 필요가…?
거참, 하푸같이 생긴 녀석이 또 있네?
무례하다보크! 감히 이 몸이 누군지 알고보크!
이 몸으로 말하자면 개보로크 복치 황태자 3세시다보크!
황태로 두들겨 맞는 소리 하네, 황태자나 되는 녀석이 왜 이런 곳에 혼자 있어?
고귀한 이 몸께선 천박하게 스스로 지느러미를 움직여 헤엄치지 않으므로 항상 물살을 따라 떠내려가기 때문이다보크!
무, 무어라?
거기해!

왕국까지 가는 법

후에~ 떠 떠.
머가 거기해?
이 몸의 고귀함을
알겠느냐보크?

훗, 이 몸은 너무 고귀해서 여태
그 누구도 이 몸에 손을 댄 자가 없다보크.
심지어 부모님마저도보크.
고
귀

듣다 보니 귀받네.
고귀고 짝귀고 만지면 만지는 거지.
자, 만졌다! 이제 어쩔래?
만
짓
스사 눅..
죽었어?

큭, 이 자식…
꼭 이럴 땐 단어
제대로 쓰더라.
거기한 거기를 쥬겨써!
긴기니는 살어마야!

하지만 네놈이 아무리 떠들어봐야
여긴 바다. 이곳에 있는 우리 말곤
아무도 여기 일을 알 수가 없지.

바다에서 일어난 일은
온전히 바다에 묻어야
하는 법. 그러기 싫다면
같이 묻혀야 할 수밖에
없는 거야.
하푸, 드디어
너와 작별할 때가
왔구나.

웅? 자뻑이라니?
긴기니 어디 가?
이것도 인연이라고,
특별히 그대들을 내 왕국에
초대해주겠다보크!
앙극?
두통 치통 생리통엔
개복치!
웜매
깜짝이여?!
나만치 고귀한 개복치들이
사방에 만개한 보기만 해도
황송스러운 곳이다보크.
랔걍리
휴… 하마터면
진짜 죽을
뻔했다보크.
우와!
거기한 거기님
부활!!
짱 거기해!
앙극은 어케 가?
상상 이상의
천한 손길에 내 고귀한
피부 세포가 경직되어
버렸다보크.
그럼 이제
상상 이상의 발길도
맛보여주지!
물살에 몸을
맡기다 보면 언젠가
도착하게 되지보크.
가는 방버또
거기해!
저딴 것들이 여태
멸종 안 한 이유가 뭐냐.

부부싸움 작작 해!

오, 때마침 물살이 바뀌었다보크.
둥실
거기님!

고귀한 자는 만남과 헤어짐을 정확히 하는 법. 나중에 왕국에서 다시 만나자보크!

거기님…
거기님, 그 강을 건너지 마어!

아오, 그렇게 고귀가 좋으면 고귀하게 같이 떠내려가든가.
딱콩!
아코!

배고프다…

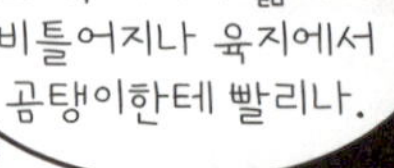
그래, 어차피 굶어서 비틀어지나 육지에서 곰탱이한테 빨리나.

다이어트하는 셈 치지. 대세는 슬림이니까.

어우, 너무 대세다.
쭈
욱

이 자식이 날 잡아먹고 있어?
무럭
무럭

이 흉악무도한 지방착취범!
치…
이놈의 마귀할망.
가장이 술 좀 먹을 수 있는 거지.
자기 혼자 살겠다고 나를 배신해? 이 파렴치한…
후엉… 치한아냐.
내가 왕년에 어? 얼마나 잘나가는 고래였는데 어?! 이 할망구 날 잡고 아주 본때를 보여줄 테다!
좋아, 니가 날 잡아먹겠다면 나도 어쩔 수 없지.
다따리…
츄릅
아줌마, 여기 계산이요. 잉?
아줌마 완전 우리 할망구 닮았네! 완전 뚱뚱해, 케케케~
내가 먼저 널 잡아먹어주마!!
꾹아아아아

끼요요오옷!!!
하햐아아앙!!!

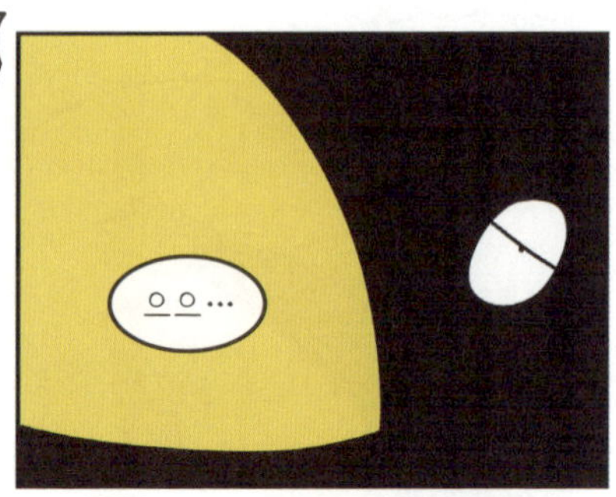
으으...

!!
이, 이곳은
육지?

야호! 난 살아남았어!
살아남았다구!!

콰아아아

으허헉으흑!
으흐아악!!
사라나마끼 때매
당해야 할 께 이찌...

메리 쮸리스마스

위 위쎠 메리 크쓰마쓰!!
싼타 할브지가 선믈 주시 꺼야!

후에 싼타 할부지!
썬믈 주떼여, 썬믈!

에휴, 산타가 어딨냐,
산이나 타라 그래.
이떠!

허허, 나는
선물 말고 다른 걸
준단다.
다른 거 머져여?

산타가 있다면
내 날개에 장을 지진다.
펑
이때두!

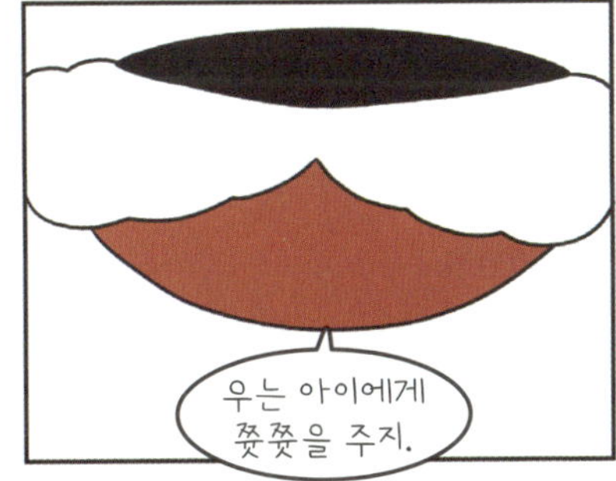
우는 아이에게
쯧쯧을 주지.

허허~
메리 쮸리스마스!

우, 우리눈
챠칸 어리니라서
절때 안우러여!
그럼그럼. 내 학명이
스마일 버드야!
나와 같이 밤새
일해준다면 쫓쫓을
면해주도록 하마.
하, 할래요. 할래요!
자, 그럼
출발하자꾸나.
찡 찡
저… 셋이 타기엔
썰매가 작은데요?
안 우러서
썬믈 쥬신다!
왜 셋이 타니?
나 혼자 타고 니들이
끌어야지.
아니, 울릴려고.
으앙!!

인생 한 방?

으~ 심심해…
이럴 땐 하푸 궁뎅이를
축구공마냥 뻥뻥 차줘야
제맛인데.
저, 저건 분명
황금 덩어리!
긴기나~~
이거바~~
똥멍청이도
제말하면 오는구먼,
마구 업신여겨주지.
숨 막히는
귄태
저 정도 크기면 떼부자 되는 건 식은 귄 먹기…
이거 바, 이거 바!
반짜기님을 주어써!
형님한테
인사 제대로 못 하냐?
이 똥멍…
다행히 저놈은 황금이 뭔지도 모르는 거 같으니
적당히 비위를 맞춰주다 뺏어 와야겠다.
하푸 형님,
이 귄귄 아우가 무릎을
꿇었습니다.
?
귄
썩
앞으로 하푸 님
전속 집사를 맡게 될
귄프레도라고 합니다.
?

하푸 님,
목마르실 거 같아
물을 대령했습니다.
고마어.

진지 잡수실 시간이니
물고기를 대령했습니다.
져아!
어류
무시하냐?

입 닦으시게 수건
대령했습니다.
긴기니는 머든
쳐쳐기야!

깍!!
식후 운동으로
준비해봤습니다.

하푸 님…
제가 하푸 님 밑에서
일한 지도 어언 한 달…
이제 무언가 댓가를…
쭈
뼛

웅웅!
긴기니 뎡말 스거 마나써!
머 가꺼 시푼 거 이써?
헤헤…
전 진짜 별거 없고 그저
하푸 님이 가지신 그 노란
돌멩이 하나만 주시면
만족합니다요.

우오앍!!
구래, 주껴!

드, 드디어…

키헤헤…
마이 프레샤쓰…
스미권은 이제 부자야.
귄순이랑 같이
행복하게…
파스스..
그건 '사금달미돌'이라고
여기 꽁꽁해에서만 나는
황금과 아주 유사한 돌이지.
매우 무른 돌이라
강하게 움켜쥐면 바스라져버려.
참치 먹으러 와서 귀한 구경을
다 하는군.
감사합니다
새해가 반짝반짝
발가써!!
새해에는 역시
세배를 드려야지.
세배로
쫒쫒당하고
싶다고?
으린 누갼테
세배드려?
그르게.

세배는 가장 큰
어른한테 드리는 게
정석이지.
이렇게 많은 아이들이
내게 세배를 하러 오다니…
껄
쿠
크 너른!
덩치 말고
나이가 가장 많은 분
말이야.
오래 산 보람이 있구먼.
집 나간 할멈도 봤으면
좋았을 텐데.
흐윽
뭐, 왜 날 봐.
나 안 늙었거든!
웃겨 증말. 흥!
헤헤, 이렇게 기특한
손주들한테 세뱃돈 넉넉히
챙겨주시겠죠?
가장 거대거대하구
할부지인 건 여씨
하나바께 업써!
음, 아무래도
그분이겠지?
무슨 돈?
안 받을게요!
안 받는다고!

그나저나 갑자기 왜 나한테 세배를 하러 몰려온 거니?
할브지가 젤루 늘거써요!
하긴… 이 바다에서 나보다 나이 많은 동물 찾기란 쉽지 않지. 그래도 있긴 있을 거야.
내가 아기 고래였을 때 나랑 놀아주던 물범 형이 지금까지 살아 있다면 말이지. 그러고 보니 너랑 똑 닮았었단다.
에이 설마~ 비슷한 생김새의 다른 물범이겠지. 타푸가 없어서 확인도 불가능하고…
히이익… 그 형이 이놈이면 물범이 아니고 실러캔스아녀?
아니. 그래서 세배는 누구한테 하는데, 저 똥멍청이한테?
그냥 쯧쯧이나 하자.
세배를 드릴 분드른 따러 이써!
바로 하푸하푸를 사랑해주시고 단행본까지 구입해주신 우리 독자님들이야!
지당한 말씀. 변함없이 하푸하푸를 사랑해주신 독자분들 덕분에 이리 단행본도 나올 수 있었지.
이열, 바른 소리 할 때도 있네, 발음도 정확하게.
사랑해주셔서 감사드립니다, 새해 복 많이 받으세요!

터…졌어?

타프~ 엄빠가 태빠 보내써!
택배?

이게 뭐지? 눈덩이 같은데 녹지도 않고 탄탄하네.
뚠그래!

'…엄마 아빠는 지금 하와이에 와 있단다. 이곳 해변에서 사람들이 재미나게 가지고 노는 게 있어서 보내주니 사이좋게 놀려무나.'

뭐 하는 거야…
나더 뚠그래!

이걸 가지고 놀라고?

이걸 가지고 뭘 하라고… 응? 가만 보자…

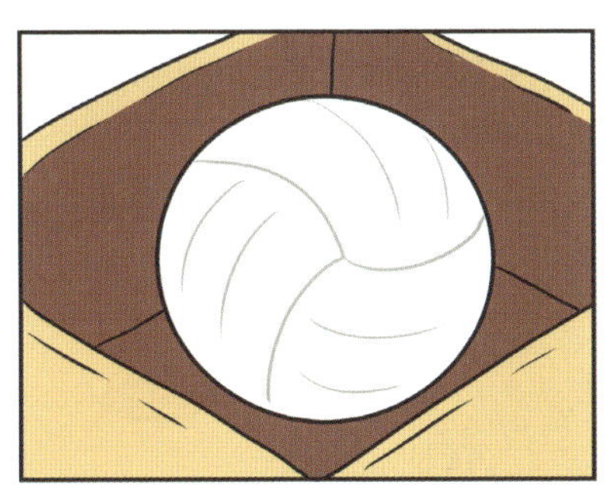

좋은 생각이 떠올랐어!

난 배고프다,
고로 쫒쫒한다.
넌 하푸다,
고로 머그 꺼다.
앙~
평
뀨오욺!!

실수는 잘못이 아닌
배워가는 과정이야.

후후… 완벽하게 속아 넘어갔군!
이제 이곳을 벗어나자! 완벽한 자유의 몸이 되는 거야!
하디만…
꾸꼬미가 절케 후쩍후쩍하눈걸…
꾸우웅… 이렇게 된 이상…
조각조각마다 각개 쫒쫒 실시!
가댜.
하와이
뭐? 하푸 녀석이 터졌다구?!
크하하하!! 드디어 그 하얀 악마 놈이 천벌을 받았구나!
천년 묵은 귄증이 싹~ 내려가네. 증말!
이러고 있을 때가 아니지, 이 기쁜 날에 춤을 안 추고 못 견디지.
귄아래! 귄귄아래!
근데 넌 왜 안 가고 계속 그윽하게 쳐다보고 있냐?

뭐이?! 하푸가 터져?
뭐? 하푸가 폭발했다고?
아이고, 딱해라… 발이 눈에 안 닿아서 더 슬프네…
그럴 리가… 더운 지방이면 몰라도 북극에서 생물체가 자연발화 하는 일은…
결코 하푸가 없어서 내가 더 쫒쫒당할까 봐 슬퍼하는 게 아니라네.
설사 폭발한다 치더라도 갑자기 터지는 게 아닌 서서히 부풀어 오르게 되어 있거든, 빵빵하게.
그나저나 자네 살이 좀 찐 거 같은데 뭘 그리 먹었길래…
마치 너처럼. 곧 폭발하겠는데?

쯧 하고 치니 펑 하고 터져?!
근데 뭐 어쩌라고. 왜 자꾸 쳐다봐.
아니, 뭐 그냥…
조금만 참아! 따라잡히면 모든 게 허사야!
슴챠~
군데 으리 어디러 가는 고야?
부모님이 계시는 하와이로 갈 거야!
하아이?

2인 1조

헤엄쳐서 가기엔 너무 멀어, 배를 타야 해.

하이는 파다기해서 가?

하지만 배를 타려면 갖춰야 할 게 있지…

배?

후후… 하푸 잠깐만 이리 와봐, 가만히 있어!

후엥? 이게 머야? 하디 마 시러…! 읍읍…!!

후, 다 입었다. 이름하야 절대로 안 들키는 변장!

다따패…

안 돼! 이렇게 안 하면 배를 못 탄다구.

후엥~ 아피 안 버여, 나갈래 나갈래~

이 숙달된 조교의 지시만 따르면 앞이 안 보여도 아무 문제 없으니 잘 따라하도록!

오른쪽으로 돌아서 움직여!

결국
바꿈
마켜떠!
마켜떠!
내가 일러준 광경이 보이는 방향으로 꼬리를 움직여. 그럼 내 그쪽으로 몸을 움직일 테니.
내가 일러준 광경이 보이는 방향으로 꼬리를 움직여. 그럼 내 그쪽으로 몸을 움직일 테니.
챠자써!
그래, 그쯤 가면 표를 확인하는 사람이 있을 거야. 표를 보여주고 배 안으로 들어가자.
그래, 그쯤 가면 표를 확인하는 사람이 있을 거야. 표를 보여주고 배 안으로 들어가자.
…뭐야. 왜 꼬리를 안 움직여? 어디로 걸을지 모르겠잖아.
아야야!! 어떻게 가라고?!
아야야!! 어떻게 가라고?!

어릴 때 보았던
형의 등은 언제나 크고
듬직했다.

하지만 지금의 형을 머리 위에
올려놓고 보니 무척이나 가벼운 게
마음을 아프게 한다…

지금보다 더 가벼워진다 해도,
형은 언제나 내게 있어 세상 가장
무거운 존재야.

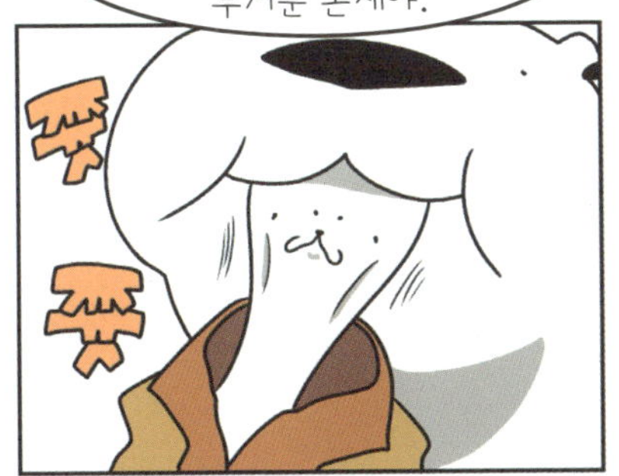
쭉
쭉

그리워

으… 으으…

귄순아!!

헉
헉

아오! 어쩐지 이불이 무겁다
했더니 이 백돼지가!!
푸
하

철썩― 철썩―
여즘 긴기니
자끄 챨싸챨싸기만
그경해.
뒤늦게 질풍노도의
시기라도 왔나?
쯧쯧을 안 당해서
그런 거 아닐까?
서비서비핸나 바.
역시 그거였군.
쯧쯧
으아아아~
내 사랑을 남겨두고
떠나온 지도 수개월…
오로지 그녀만을 위해
길을 떠났었는데…
사아아
거봐, 중2병 맞다니까.
혼자 중얼거리고 막
멋진 척하잖아.
쿠쿡…
흐콰한다.
아오! 회상 좀 하자,
회상 좀!!
찌찟!

……

그래서 있지
자기야~
웅웅, 그래.
우리 자기~
에궁, 우리 이쁘니!
확 뽀뽀해버릴라!
아잉~ 살살 쪼아~

응? 저놈 귄귄 아냐?
에이, 재수 없게!
기분 나쁘게
뭘 훔쳐보고
있는 거지?

저 녀석이 우리
펭귄 평균 외모를 다
깎아먹는다구!
저 굴곡 없이
뚱그런 몸뚱이를 보면 확
차버리고 싶다니까!
맞아, 진짜
못생겼어!

…다녀왔습니다.

다음에 또 보자

난 왜 다른 펭귄들처럼 머리하고 몸이 구분되어 있지 않은 걸까…

그래, 줄을 감고 쪼이면 어느 정도 굴곡이 생기겠지?

엄마 미워! 삐뚤어질 테다!!

자, 일어나.
어디 다친 덴
없어?
으, 응… 고마워.

어멋!
팍
아이쿠!

그, 그런데 넌 누구야?
이 동네에서 처음 보는
얼굴인데…

괜찮니?
앞을 잘 보고
다녀야지.

응, 며칠 전 이사 온
귄순이라고 해. 만나서 반가워,
잘 부탁해!
방긋

어, 엄청난
미귄…!

쿵
쿵

자신감 덩어리

아, 내 이름은 귀, 귄이라고 해…

후후, 귀여운 이름이네. 보아하니 나랑 같은 또래 같은데 앞으로 잘 지내보자.

지금은 집에 가봐야 하니 다음에 또 보자. 안녕, 귄귄아!

하… 온 종일 그녀 얼굴만 떠올라서 날개에 아무것도 잡히지 않아.

귄귄아, 밥 안 먹고 어디가니?

그녀가 없는 밥상은 비어버린 여물통만 못해요.

아빠 노릇을 제대로 해야 애가 제대로 크는 거지!

알 가지고 볼링을 치니 애가 저렇게 된 거 아냐!

이것들 지금 어류 무시하는 거 맞지?

귄순이도
내 짧뚱한 모습을 좋아하지
않을 거야…
짧
귄…

귄순이다…!
긴장하지 말고 자연스럽고
부드럽게 인사를
건네는 거야.

이렇게 자신감 없는
모습으론 사랑을
쟁취할 수 없어!

귄순아,
좋은 아침!
이 목소린,
어제 그 애?

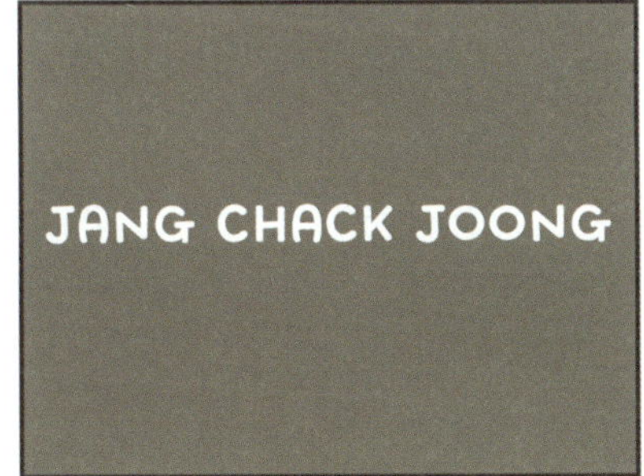
JANG CHACK JOONG

안녕, 반갑…
푹

뜨든!
나는 자신감
덩어리다!
긴
귄

이름이 무엇이냐? 

저, 저기…
그건 실수였어.

으으… 귄순이한테
이런 창피한 꼴을 보이다니…
난 끝이야, 끝이라구…

…귄귄아, 어느 누구도
자기가 원하는 외모를 선택해서
태어날 순 없어.

겉모습은 내가
선택할 수 없지만, 그 안에
담기는 건 자신의 의지대로
선택할 수 있어.
속이 꽉 찬 남자가
진짜 남자 아닐까?

근데 그렇게 아프니?
귄들 귄들

팔굽혀펴귄
그 후로 난
펭귄으로서 해낼 수 있는
모든 분야에서 열심히 수련을
거듭해 결국 최고의 자리에
오를 수 있었지.
군데 왜
긴수니를 떠나서
여기러 언 거야?
?
귀
귄
그래서 바로
너희가 보고 있는 이 몸이
바로 전무후무한 슈퍼펭귄이
되셨다, 이 말이다!
거기엔 또 깊디깊은
사연이 있지.
감탄사 한 마디도
안 내주냐, 귄정머리
없는 자식!
아코!
딱콩
그래, 알아서
좋겠다…
알게따!
해상하거 이써!

그래서 이번엔
태권도를 배웠는데…

이, 임금님이다!
어서 고개를 숙여!
임금님?

주상 전하
납시오!!

어서 귄순아!
엎드려야 해!
하지만
우리 동네에선 왕 같건
없었는데…
호오?

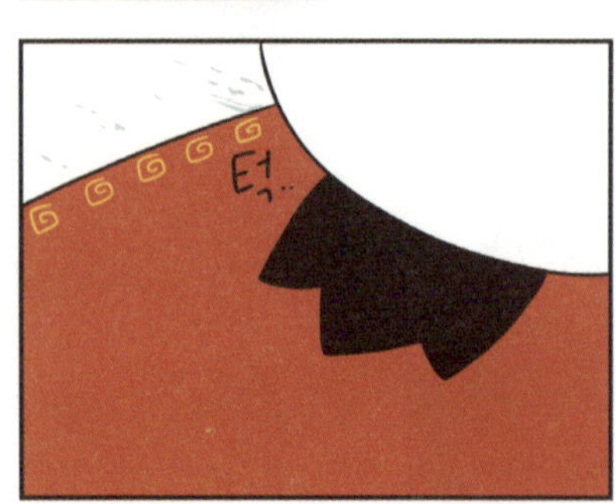
턱..

그야말로
절세미귄이로다.
이름이 무엇이냐?
귀, 귄순이요.

두둥
펭귄제국 황제
킹귄.

오늘 밤 짐의
수청을 들라.

뭐라고?

수, 수청이라니…
무슨 말이에요?

아저씨, 제발
이러지 마세요!

대령하라.
척!

이러시면
천벌을 받으실 거예요!
엇, 빨라?
퍼 억!

자, 잠깐만요.
이러지 마세요.

웬 놈이냐?

이, 이거 놔요!
아프잖아요!
누가, 누가 좀
도와줘요!!
꽈 악..

귄귄아!
두
둥

저 부화하다 만 것 같은 놈은 무엇이더냐?

과인이 만지고 싶다 하더라도 못 만지게 할 것이냐?
안 돼, 안 만지게 해줘. 돌아가.

이 짧뚱한 게!
휙!

허허, 정녕 그렇단 말이더냐. 그럼…

뒤돌려차귄!
꿀밥!

네가 짐의 수청을 들어라.

귄순이 몸엔 깃털 하나 못 댄다!

상큼발랄
하하하, 우리
임금님 농담도 잘하셔~
이런 재간둥이~
…그렇게
내 사랑의 가장 큰 난관이
찾아온 거지.
아닌데? 완전 진지한데?
글씨도 궁서체인데?
끼야오옭!!
이것이 짐의 뜻인 바,
오늘까지 시간을 주겠노라.
난벙꾼!
내일 아침, 짐의 처소로
오지 않는다면 대역죄로
다스리겠노라!!
내가 왜 난봉꾼이야!
수청 안 들었거든?!

미안해, 귄귄아.
나 때문에 네가…
울지 마, 귄순아.
네 탓이 아냐.
난 있지,
널 만나기 전까지 항상
내 겉모습에 주눅 들어 친구들과
어울리지도 못하고 땅만 보고
다녔어.
하지만 지금은
왕 앞에서도 고개 숙이지 않는
내가 되었어! 오히려 이 상황이
좋은걸.
귄귄아…
그게 아냐!!
수청을 들게 된 게
그렇게 좋았구나.
귄귄아, 그냥 무조건
잘못했다고 해라. 설마하니 임금님도
진담으로 그러셨겠니.
아뇨, 갑질의 횡포에
제 사랑을 빼앗길 수 없어요.
전 끝까지 싸워서
쟁취할 거에요!
그동안 키워주셔서 감사했습니다.
절 찾지 마세요!
그러니까
볼링을 왜 쳐!!
이 와중에 신문이나 읽고
있으니 집안이 이 꼴이지!!

임금님의 추억

저 파렴치귄을 가만 놔두면
다시금 귄순이를 건드릴 거야!
이 기회에 박살을 내주겠어.
귄끈!

그러기 위해선
미인계를 동원해야겠군,
그럼…

YEU JANG JOONG

짠! 이 귀미코의
상큼발랄한 매력에 푹
빠지게 해주겠어!

킹귄의 성
킹 궁.

주상 전하~
어제 지명하신 수청귄이
들었사옵니다.
들라 하라.

임금님의 하토니
귄코귄코니~♡

싱쿵

너같이 귀여운 아이에게겐 무엇이든 해줄 수 있노라.
정말로 뭐든 해줄 수 있어요?

침대는 마음에 드느냐?
아, 네… 뭐…

짐은 한 부리로 두말하지 않는다. 말해보거라.
짜르르
그럼 임금님의 비밀을 여쭤봐야겠네요~.

그럼 그대로 얌전히 있거라. 예전부터 꼭 해보고 싶은 게 있었노라…

후후… 생각보다 일이 쉽게 진행되는군. 이대로 저 녀석의 약점을 캐내자.

등짝을 보자꾸나!
이러지 마세욧!

비밀은 자고로 침대에 누워서 들어야 하는 법. 눕거라.
아, 이거 빡쎈데…

시원하느냐? 요새 마사지를 배웠는데 써볼 데가 없어서.
꾹
대~애박.

근데 이거
계속 받고 있으니
노곤해지네…

제가 피부가
민감해서 얼굴은
좀…

풀썩-

말려들어갈 뻔했군.
어서 쓸모 있는 정보를
빼내보자.
임금님은
어떻게 이 자리까지
오르신 거예요?

잠들기만을 기다렸노라.
진짜 하고픈 걸 해볼까…

추억이 떠오르는도다.
아직 펭귄들의 왕이
없었던 시절…
가장 위대한 펭귄을
왕으로 세우자는 결의하에
지구의 반을 헤엄쳐 돌아온
내가 왕이 되었지.
바로 이거다!!

비장의 경락마사지!
꾸욱

남자의 약속

겨우 지구의 반? 난 귄순이를 위해서라면 지구 한 바퀴도 돌 수 있어!

이곳 남쪽 끝에서 북쪽 끝까지 찍고 돌아와서 너의 왕관을 빼앗겠다!

…그런고로 소자 귄귄, 지구를 한 바퀴 돌고 돌아오겠습니다. 그때까지 부디 몸 건강히 잘 지내시길.

길을 찾아 걷다 보면 걸어온 그 발자국들이
또 다른 길이 되어 있을 거야.

귄귄아…
정말 떠날 거야?
응… 하지만 영영
떠나는 건 아냐.

너에게
어울리는 남자가 되어서
꼭 돌아올게, 반드시.

기다릴게…
꼭…

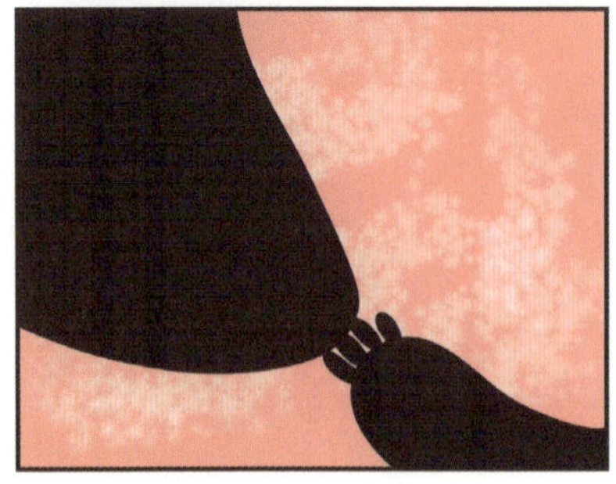

그렇게 사랑을 위해서 나는 북쪽을 향해
끝없는 항해를 시작했다.

헉헉…
드디어 육지가…
이제 조금 남았어…
헉..
헉..

더 이상 걸을
여력조차 없군.
어차피 아무도 없으니
기어서 갈까.
뽈 뽈 뽈

뽈뽈뽈

…그런고로
내가 이곳에 오게
된 이야기다.

크고 아름다워

쳇… 이미 다 먹어치웠군.
텅

내 팔자가 그렇지, 뭐. 편지 읽어줄 테니 듣기나 해.

내용 좔좔 줄줄… 그래서 택배 보낸 건 성장기 어린이한테 참 좋은 명약으로 하루에 한 스푼씩 먹으면 키가 쑥쑥 자란단다! 대신 꼭 한 스푼만 먹어야 한다. 하루에 꼭 한 스푼!

치, 침착하자. 분명 과다 복용했을 때 대처법이 적혀 있을 거야. 여깄다! 만약 한 스푼 이상 복용했을 시에는…

부우
하푸, 이거 한 스푼씩만… 힉?!

부
우
크고 아름답게 커진단다. 하나도 안 아름다워!

내 사전에
배고픔이란 없다.
고로 쫒쫒한다.
머그 꺼야?
배가 고프니 바위가
하푸로 보이네.
꾸고미 와썹?

부작용

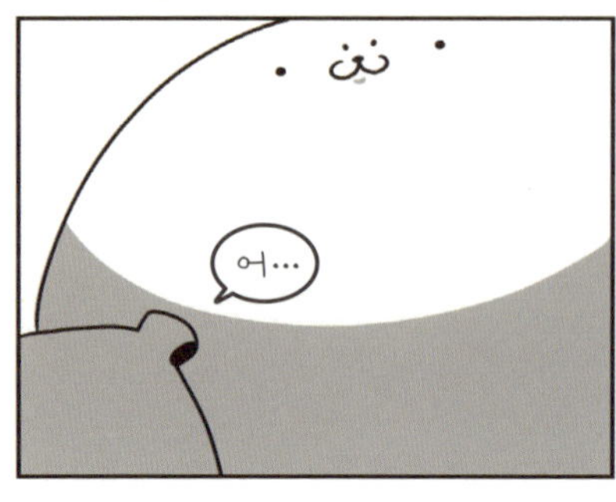
어…

어휴, 이 살찐 궁둥이…
시야를 다 가리네.

머, 머그 꺼야!

으차, 이제 좀 보이네.
뭔가 퉁 하는 소리가…

우엉!

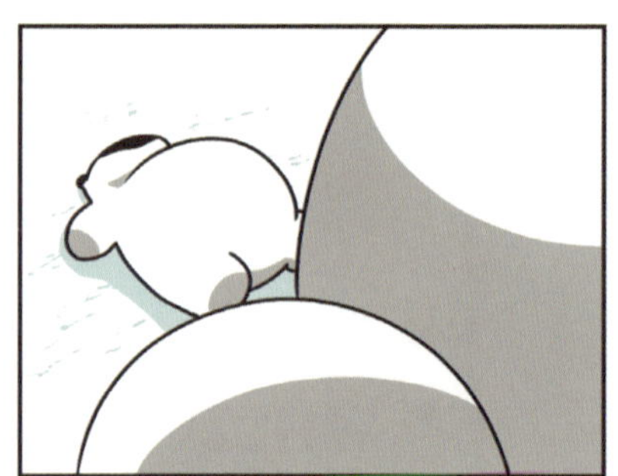

꾸앙!!
퉁

하푸, 살 빼지 말자.
평생. 네버.

하! 우둔한 곰탱이
녀석, 꼴 좋구나!
히이이익!
그만둬!
그동안 덩치 믿고
행패 부리다 너보다 더 큰
덩치를 만나니 아무것도
못 하겠지?
따우디 마.
하푸! 빨리 좀 도와줘!
배짱 있으시면
어디 한번 쫒쫒
해보시지, 해봐!
하! 하푸가 날
도와주러 온다!
넌 죽었어!
동작 그만.
내가 커진 게
아니지, 참.
미끄덩
에궁~
꿟!!

꽁꽁 원정대

이건 홍마초이 가루야. 성장이 더딘 아기고래들한테 먹이는 성장제인데.

저렇게 험한 곳을 우리끼리만 가긴 너무 위험하니까 같이 갈 원정대를 모집하자.

원래 크기로 돌아갈 방법은 없는 거야?

호비트 호비트 열매를 먹으면 몸집이 줄어드니 그 열매를 먹이면 될거야. 하지만 구하기가 힘들어서…

덩치가 있어 몸빵도 되고 둔해서 미끼로 버리고 갈 수 있는 동료가 필요해.

동료에 대한 새로운 재해석이냐.

하푸를 원래도 되돌릴 수 있다면 어떤 험난한 산이라도 넘겠어!

포더 쯧쯧!

그런 조건이라면 역시 하나밖에 없겠지?

물논.

산에 있는 걸 용케 알았네. 개허마크산 정상에서만 열리는 열매거든.

오래만이구먼! 이 시간에 무슨 용무인고?

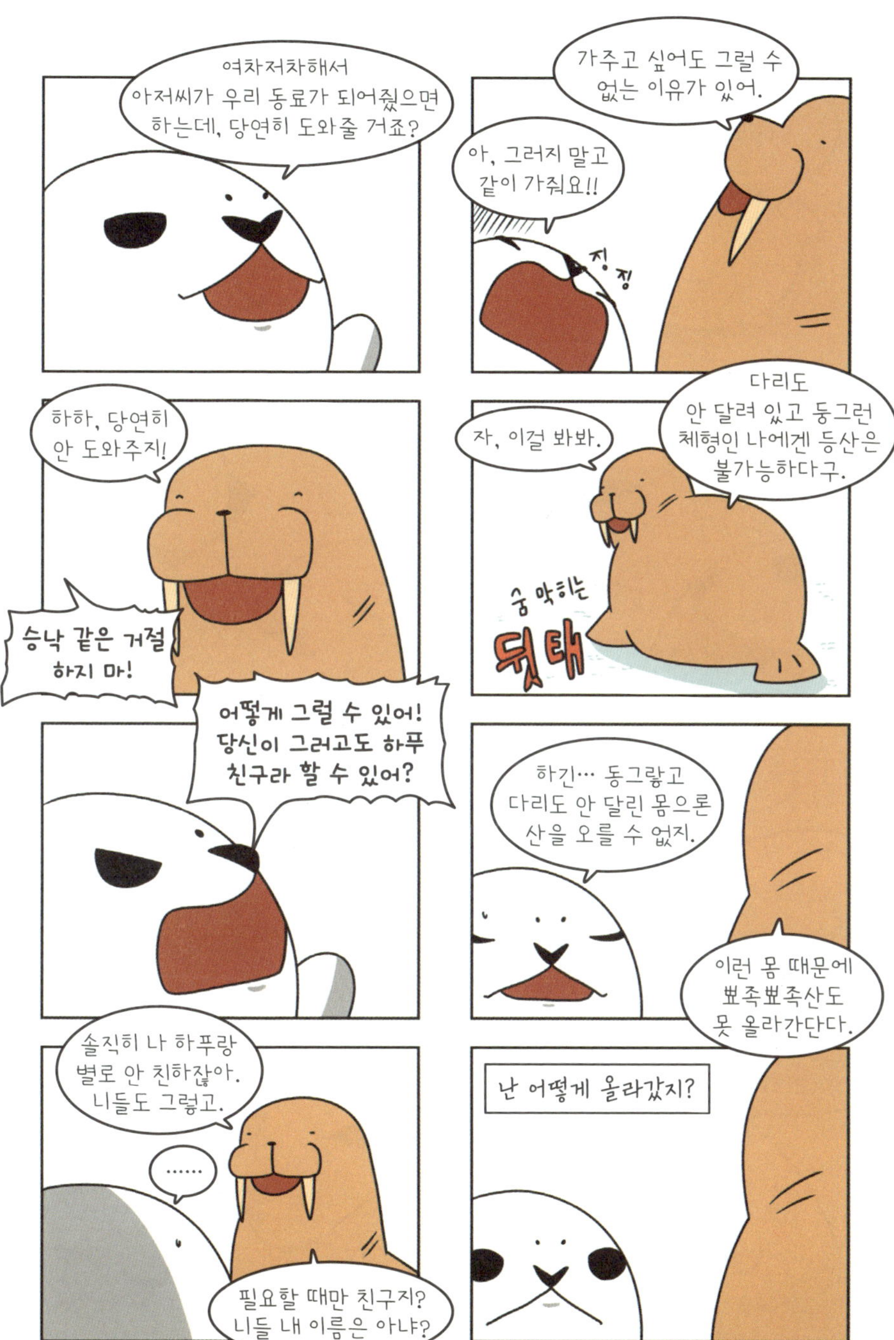

여차저차해서
아저씨가 우리 동료가 되어줬으면 하는데, 당연히 도와줄 거죠?
가주고 싶어도 그럴 수 없는 이유가 있어.
아, 그러지 말고 같이 가줘요!!
징 징
하하, 당연히 안 도와주지!
승낙 같은 거절 하지 마!
자, 이걸 봐봐.
다리도 안 달려 있고 둥그런 체형인 나에겐 등산은 불가능하다구.
숨 막히는
뒤태
어떻게 그럴 수 있어! 당신이 그러고도 하푸 친구라 할 수 있어?
하긴… 동그랗고 다리도 안 달린 몸으론 산을 오를 수 없지.
이런 몸 때문에 뾰족뾰족산도 못 올라간단다.
솔직히 나 하푸랑 별로 안 친하잖아. 니들도 그렇고.
……
필요할 때만 친구지? 니들 내 이름은 아냐?
난 어떻게 올라갔지?

어쩔 수 없이
우리 둘만
가야겠군.
들어봐.
하푸를
돌려놓기 위해
가는 건데 하푸를
미끼로 쓰자고?
몸집 크고 둔한
애가 하나 더 있어.
오, 정말?
어떤 애야?
내 쫓쫓을
튕겨낼 정도면 그 누가
덤벼도 상처 하나 낼 수
없을 거야. 거기다
맛도 좋고.
흠..
마지막 말 빼면
그럴 듯하군.
맛있는 애야.
츄릅
?
하지만 저걸
어떻게 데려간담?
또 머그 꺼야?
끙! 끙!!
꼭 이렇게까지
해야 해?

상상도 못한 정체

헥헥… 힘들어 죽겠네. 한국에서 택배 상하차할 때도 이러진 않았어.

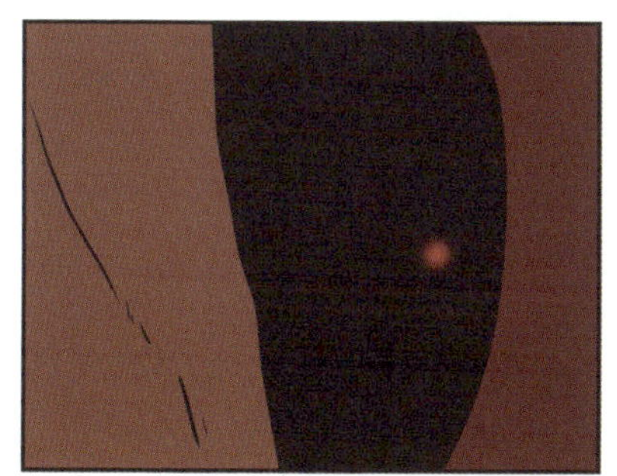

자, 잠깐!
뭔가 이상해…

어리석은 놈들…
목숨이 아깝지 않나 보군.
역시 누가 있었어!
정체를 밝혀라!

싸아…
아까부터 저쪽
바위 뒤에서 우릴 바라보는
듯한 기운이…

내 정체를 알고 싶나?
용기가 가상하구나…

저것은 분명…
지, 짚이는 게
있는 거야?

그럼 죽기 전에
한번 보여주마.

저 바위가 쫒쫒
당하고 싶은 거야.
…떡이나.
쭈륵
장장 1900년을 묵묵하게 그 자리에서
버텨왔던 바위가 그날 아무 손길 없이
1mm 뒤로 물러났다 한다.

뜬 뜬

굴러가

내 얼굴을 본 이상
너희는 살아 돌아갈 수
없다.

쯧쯧 안 당하니
미쳐 돌아가지?
야, 하푸! 너 혼자서
움직일 수 있었으면 스스로
올라왔어야지!

요 쪼꼬만 게 귀엽게 구네.
콩알만 해가지고 뭐 어쩐다고?

근데 크기가 좀 준 거 같다?
원근감 때문인가.
미쳐서 그래.

아가야~ 저기 뒤에 무서운
형아 있다. 까불다 혼나지 말고 썩 비켜.
까불 거면 좀 더 큰 다음 까불라고~

아무튼 양심이라곤
눈곱만큼도 없다니까.
저러니 살이 찌지.
쯧쯧당해야
정신차려.

너무 컸어?
훌
쩍

죽을 준비는 다 되었냐?
헉… 헉… 엄청 격렬한 싸움이군. 이 자식 필사적으로 나오는데?
키 좀 크다고 내가 겁먹을 거라 생각하나 본데, 웃기지 마.
야, 안 되겠어. 교대하자!
본때을 보여주지.
난 세상을 돌면서 너보다 훨씬 크고 무서운 놈들과 싸운 타푸란 말이다!!
이야아아아아! 이리 와, 이리 와! 본때를 보여주마아!
아둥 바둥
이렇게 뼈다귀같이 얇은 건 어떻게 해야 할지 과부하에 걸린 꾸꼼.
?

네놈들 따위가
나를 상대할 수 있을 거라
생각하는 거냐?
하! 건방진 녀석!
우리에겐 비장의 카드 슈퍼
오메가 헤비급 하푸가 있지!
하푸, 저놈을 뭉개버려!

…이건 또 어딜
굴러갔어?
크콰콰콰
진짜
굴러가는데?
하푸!!

열매

콰 콰 콰

콰콰 콰

저대로 두면
밑에 있는 동물들이
전부 눈덩이에
말려들어갈 거야!
그냥 지 혼자
굴러가는 건데?
어허, 오락실 눈사람맨도
안 해본 어린 것이~
나 때는 말야!
?

여하튼
빨리 하푸를
멈춰야 해!
은근슬쩍
벗어나려 하는군.
다시 말하지만
내 정체를 안 이상 네놈들은
살아 돌아갈 수 없어.
너 잠깐
이리 와봐.
나, 난 먼저
가 있을게…
자, 그럼 작전 회의를
시작하도록 하겠다.
무엇이든
하명하십시오.
이번 작전은
'스톱 잇 호비트 야미' 작전이다.
이번 작전의 목표는 굴러가는 하푸를
멈추고 호비트 열매를 먹여 원래대로
되돌리는 것이다.
꾸꼼이가
전력으로 굴러가는
하푸를 막고 있을 때,
나랑 재수 없는 눈깔
눈 뭉텅이가 호비트
열매를 확보해서
돌아올 것이다!
그럼 작전에 앞서
궁금한 점이 있으면 질문
받도록 하겠다.
저…
없으면 바로
출발한다.

차가운 북극 산토끼 키토산, 얼음장보다 차가운 마음을 가진 그였지만 차마 타푸에게 열매를 가지고 있었다고 말하지 못했다.

부족해

햇볕 따땃하구먼~
이런 날은 일광욕이
그만이지.

오랜만에
꼬마 친구들을 보러 왔지.
응? 저기서 굴러오고
있는 건 뭐지?

저게 그
개허마크산인가.
이름대로 참 못돼먹게
생긴 산이로고.

쿠콰콰

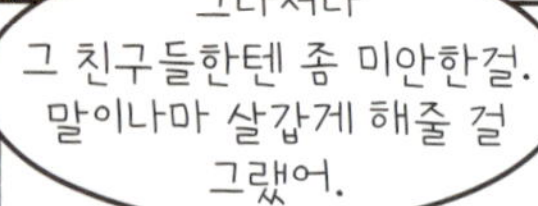
그나저나
그 친구들한텐 좀 미안한걸.
말이나마 살갑게 해줄 걸
그랬어.

콰콰콰콰

콰콰콰
그래,
돌아오면 따뜻하게
맞아줘야겠…

퉁!

올라오고 나니
이젠 내려가는 게 문제네.
이 경사진 걸 어떻게
내려간담?
에구, 삭신이야.
그래도 제때 도착한
모양이군.
내려가는 것쯤은
내가 도와주지.
오, 무슨 방법이 있어?
자, 하푸!
어서 이 열매를 먹어.
너를 원래대로
되돌려줄 거야.
앙~
좀 더 앞으로,
살짝 왼쪽으로. 그래 좀만 더,
그쯤에서 멈춰.
이, 이렇게?
쬬갸드러~
와! 진짜로
몸이 줄어드네!
고생한 보람이
있었어.
뻥
우라라라라랍!
엥?
근데 왜 이것밖에
안 줄어들지?

흥, 내가 마음이
넓어서 특별히 봐줬다.
알아서 잘 굴러가라구.

근데 그 녀석
덩치론 열매 하나 가지곤
부족할 텐데, 내가 가진 걸
주러 가야 하나?

아냐, 충분할 꺼야.
엄청 충분하니까 다신
안 마주칠 거야.

남극 여행

야, 일어나!
똥멍청이!
후에암… 누갸?

후옹? 누그뗴여?
이게 잠이 덜 깼나,
나야, 나. 귄귄!

아햐~
하두 추련 안 해서
짤린 주 아라찌~
이 찌찌를
짤라줄까?

됐고. 난 오늘
아주 중요한 결심을
말하려 온 거다.
하푸,
부모님이 또 택배를
보내주셨어.
후엥~
가디 마아~
전에 귄순이 이야기를
하면서 다시금 내 안에 열정이
불타올랐어.
고로 난 남극으로
돌아간다!
엄청난 태세변환,
우디르급 택배…
내 태빼!!
넌 여기
왜 있는 거야?
콰
쾅
남극여행
므려용건이
드러 이써!
단체 무료 이용권
그럼 앞으로
내 혀 짧은 발음은 누가
해석해줘…?
꼭 이럴 때만
발음 잘하지.
스토리
이따위로 짤래
진짜?
어우~ 야 니가
데드풀도 아니고 자꾸
만화 넘어오지 마…

기왕 이렇게 된 거 귄귄이 따라 남극 단체여행이나 다녀오자구!
누구 멋대로 날 따라와? 그리고 언제 다 모였어?
에이, 너도 거기까지 죽어라 헤엄쳐 가는 것보단 빠르고 편하게 배 타고 가는 게 낫잖아?
그, 그건 그렇지만… (이놈 원래 이렇게 능글맞았나?)
*여행 엄청 좋아함

하지만 탑승 인원 한계가 여섯이라 우리 중 한 명은 포기해야겠네.
민주주의답게 투표로 결정하자구.

민주주의답게 만장일치로 결정.
*애초에 부르지도 않았음

도착

공짜라고 마냥 기뻐할 게 아냐, 중요한 문제가 있다고.
문제?
여행 갈 때마다 있는 샌님…

이건 배를 타고 이동하는 티켓인데, 배에 탄 사람들이 우릴 보면 분명 잡으려 들 거야.

후엥… 사라미한테 자피믄 막 꺼집꺼집당하구 굴림굴림당하는 그야?
와들 와들

꼬집는 건 몰라도 삼시세끼 먹여주긴 하겠지. 동물원에서.
사라미 채거!

아무튼 배를 타는 건
상식적으로 불가능하니 이번
여행은 포기하는 것으로…
그 문제는 걱정할
필요 없다!!

출발!
그래, 더 타야 할
친구는 없는 거고?
물론이죠!!

염염 할아버지?!
할아버지가 여행사에
취직하신 거예요?
허허,
취직하고 첫 출항 손님이
자네들이 됐군.

그럼 출발하마.
그리고 먼저
탑승한 손님이
있는데 같이
사이좋게
여행하려무나.

편안한 노후를
영위하셔야 하는데
먹고살기 위해
재취직을…
이 얼마나 슬픈
사회 부조리인가.
눈물을 못 닦아
슬픈 짐승..

흰곰탱이랑
영영 이별하는 이 경사스런
날에 누군들 친하게
못 지내랴!
그럼그럼.
쭃쭃도 당해줄 수
있지!

마누라한테
용돈 끊겨서 알바
뛰는 건데 지금
조롱하는 거냐?
그, 그런 것이 아니옵고…!

자네들 왕이 넘어지면
뭐라고 하는지 아나?

훔냐…

킹-콩!
하하하하하!!!!
뭐야, 완전
아재개그잖아.
푸흐흐…

반
핫!

푸하하하하하!!
파아

잇챠!

어허허… 킹콩이라니.
정말 유머러스하구먼, 자네!
하마터면 배가 뒤집힐 뻔했어.
내 배가 뒤집히면 이 배도
뒤집히나? 하하하하하!!
쏴 아…

더챠칸 그야?
좌아
좌

유의 사항

…귄아, 귄귄아!
귀, 귄순아?
귄순아, 오래 기다렸지? 너를 위해 지구를 한 바퀴 돌고 돌아왔다구.
쪽
…근데 요새 집 수도세 밀렸니? 몸에서 화장실 냄새가…
쿵
쿵
망
망
그야말로 망망대해뿐인 곳에 떨어졌군.
이건 엄연한 여행사 측 실수라고! 확실한 보상이 필요해!
얼씨구. 막상 앞에 서면 한 마디도 못 할 거면서 이럴 때만 목소리 커지죠?
씩
씩
무슨 소리야, 나도 할 때는 한다고!
사실 예전부터 그 할아버지 영 마음에 안 들었어! 덩치 좀 크다고 유세나 부리고 말이야. 이 기회에 아주 단단히…

운행 중
경미스러운 일에 관하여
심심한 사과의 말씀을
드립니다.
따져봐야 안 먹힐 거
같으니 일단 여기서 먹을
식량부터 구해보자.
그건 그거고,
여튼 배에서 내렸으니 다시
타려면 돈을 지불하십시오.
말도 안 돼! 사고에 대한
책임을 져야죠!
여긴 아무것도 없으니
섬 안으로 더 들어가보자구.
무슨 소리.
계약서에는 사고에 대한 책임을
지지 않는다 적혀 있어.
무슨 억지를…
그런 게 있었음
진즉 보고…
그냥 여기 있자.
왜?
남극 여행권
Six mari 한 정!
이걸 어떻게 봐!
먹을 거 많은데
뭐 하러 돌아다녀.
오싹

어디서든 꽃은 피어날 수 있어.

야, 너도?

쫒쫒을 거르고
생각하면 나도 저 안으로
들어가는 건 반대다.

정체 모를
저 숲속에 어떤 무시무시한
괴생명체가 도사리고 있을지
누가 알아?

흐에…
덩치 짠짠 크구
마그 빠라 머거버리눈
개물이 이쓸지 멀라.

모두가 위험에
처하는 것보단 한 명이 희생해서
상황을 살피는 게 최선이야.
공정하게
가위바위보로 한 마리를 뽑아
정찰을 보내자.

씨익
훗… 손가락도
없는 것들이 낼 수 있는 게
보자기밖에 없지. 가위 한 방에
난 쏙 빠지는 거야.
안 내면 진 거!
가위 바위~

보

야! 니들 손가락 갑자기 언제 생겼어! 이거 완전 주작이야, 주작!!
우웅? 즈작? 그게 머에여? 하프는 구런 거 멀라여☆

으으… 어떤 괴물이냐.

패조는 말이 없다. 가.
아니, 지금도 손가락 없잖아!!

후우… 후… 침착하자. 범고래한테 물려 가도 침착만 하면 산댔어.

뭘 봐! 펭귄 처음 봐?

꺄!!

나도 펭귄인데.

공감

나는 여기 펭글로브섬의
펭귄, 펭펭이다.

자, 잠깐! 어떻게 펭귄이
이런 따뜻한 곳에 살 수 있는 거지?
너도 표류 중이냐?
잉? 너 혼자
여기 어떻게…
아니, 원래부터
살고 있었는데.

혼자가 아니고
여럿이다.

긴기니
안 더라와… 챠즈러
가야 하눈 거 아냐?

허, 험! 선발대를 보낸 이유가
위험이 있는지 확인하기 위함이었는데
감감무소식인 건…
허허..
그, 그 녀석도
우리까지 위험에 빠지길
원치 않을 거야, 암!

내가 찾으러
가겠다!
꾸꼬미 싼남쟈!
으리가 으리으리해!
하콩!

점심으로 걔가 땡겨.
저녁은 너니까
어디 가지 말고 있어.

다 똑같이 생겨서
묘하게 귄분 나빠…
무슨 소리,
난 눈썹이 한 가닥
더 있는 게
챠밍 포인트지.
하지만 우리
귄단조차 이겨낼 수 없는
무서운 괴물을 피해 이렇게
숨어 사는 신세가 됐다.
거기다
우두머리라서 모두가
내 명령에 복종한다.
일동 차렷!
척!
척!
그 괴물은 무지막지한 힘으로
우릴 철저히 착취했어. 그 고통을 떠올리기만
해도 공황에 빠질 만큼…
펭들
펭들
대, 대단하다.
이것은 마치…
감히 신성한
귄권을 힘으로 짓밟다니…
내 주먹이 우는구나!
징
징
그래, 내가
귄단이다.
왜 때문인지
격하게 공감되면서
울분이
치솟는다…!

일어나세요, 용사여! 

아닛, 저것은?!

저 웅장한 풍체와 위용… 저 정도면 그 괴물과 충분히 맞설 수 있겠어.

네가 저 용사와 친구인 것 같으니 우릴 구해줄 수 있느냐. 간청을 부탁한다.

친구 아니고 도시락인데, 네가 날 좀 구해줘라. 으아악!

하늘에서 내려온 용사여! 우리는 그대의 도움이 필요합니다.

그대가 괴물을 무찔러준다면 원하는 건 무엇이든 들어드리겠습니다.

모든지…?

너희를 맛보고 싶어.

그 괴물의 덩치는
어마무시해서
용사님과 견줄 만치
거대합니다.
덩치에 걸맞은
거대한 꼬리도 가지고 있어
휘두르는 게 마치
천둥과 같죠.

하지만 이제
이렇게 강력한
용사님이 오셨으니
걱정 없습니다!

아아…
용사님의 크고
단단한 몸통.
그저 황홀할
따름입니다.

무엇보다도 크고
날카로운 무시무시한 송곳니는
마치 악마를 연상케
한답니다.

그래, 분명 꾸꼼은 크고
강력하지. 그렇기에…

이것 참 귀가
가려운데 발이 닿지 않아서
긁지도 못하고…

당신은 죽.을.수.도 있습니다.
저쪽으로 가서
더 황홀한 걸
보여줄게.

용사의 소양

그럼 용사님… 저희의 간청을 들어주시는 겁니까?
아니, 뭐… 친구들끼리 가끔 싸울 때도 있고 그런 거지.
공자타임
절대 귀찮아서 이러는 거 아냐.
그러면서 더 친해지는 거야, 그냥 사이좋게 지내.

이럴 수가… 꾸꼼이까지 돌아오지 않다니…
저 숲에 확실히 뭔가가 있어!

설마 무시무시한 괴물한테 꾸꼼이마저 당한 건 아니겠지?

그렇군요…
용사님 뜻이 그러시다면 어쩔 수 없지요.

괴물이 꾸꼼이를 이김 → 꾸꼼이 꿱 → 쫒쫒을 못함 → 권선징악

그럼 용사님께 맛보여드리려고 대기시켜논 애들도 돌려보내겠습니다. 오늘은 칼퇴다.
내 너희를 구원하겠노라!

괴물이 아니고 천사였어…!

첫, 저 흉악한 놈이 용사?
어이가 없어가지고…
야, 니들이
뭘 몰라서 그러는데
저놈이 그 괴물보다
악랄… 잠깐만…
이대로 그 괴물이랑
싸움을 붙여서 만에 하나
저 녀석이 진다면 그날로…
난 자유잖아?
끄엉 쥬금
귄아래♪ 귄귄 아래
귄나좋군?
자, 잠깐! 느껴집니다.
그 괴물의 살기가…
용사님,
무리한 부탁을
드렸지만 지금이라도
내키지 않으시면
돌아가셔도
좋습니다.
무슨 소리!
어려운 이를 돕는 것은
용사의 기본 소양.
내 비록 죽는 한이
있더라도 괴물을
물리쳐주겠노라!
아아… 입도 움직이지 않고
말씀하시는 모습 황홀합니다.
반드시 죽을 각오로
싸울 것이다! 그러다 진짜
죽을 것처럼!

싸움의 시작

생전 처음으로 피식자 취급을 당한 충격

언제까지고
여기 있을 순 없어.
뱃값이라도
마련해야…

이런 곳에선
돈을 마련할 방법이
없는걸.

손님, 돈이 없으면
생필품 같은 걸로도 대체가
가능합니다.

어떻게든
받아내겠다는 저 강철
같은 의지…

그럼 물고기는 어때요?
꼭 필요하기도 하고 여긴 바닷가니
잡기도 수월하고.

어류 무시하냐?

그래, 그럼
삼천 마리만
잡아오렴.

의자왕이야, 뭐야!

뫼비우스의 쭟쭟

이럴 수가…
저 꾸꼼이 단 몇 마디에
멘붕했어!
저 괴물의 가장
무서운 점이지…
꾸어어엉!
먹어달라고 달려드는
그 성의를 봐서…
의도적으로 상대의 심기를
긁는 화법으로 말로서 정신을,
힘으로 육체를 위아래 위위아래로
두들겨댄다.
어디 한 입
맛봐볼까?
천부적인
어그로 스킬로
우리는 녀석을
이렇게
부른다…
킹그로.
먹. 는. 다!

콱
직!
꾸앙!

쭈우웃

크… 끝났어.
킹그로에게 한 번 물리면
절대로 벗어날 수 없어.

쭈우웃

꾸으응…

서로 빨고 빨리고 있다.
그렇게 계속해서 에너지가 순환하고
있어. 저건 마치…
황홀합니다…

콱!

뫼비우스의 쫒쫒!

친해지길 바래

용사님이 저 괴물을
붙들고 계실 때, 드디어 우리에게도
기회가 왔다.

언제까지 이렇게
하릴없이 죽치고 앉아
있어야 하지…

대체 펭귄이
그런 것들을 왜
가지고 있어…?
모두 그간
쟁여놨던 정의의 연장을
들도록! 피의 복수가
다가왔노라!

이봐, 친구들!
그렇게 바다만 보고 있지 말고
대책을 같이 강구해보자,
응?

이 멍청이들아,
니들이 킹그로를 물리친다 해도 꾸꼼이
똑같이 너희를 착취할 걸 모르냐?

저… 미안하네만
자네는 누군가? 따라오길래
그냥 넘어갔지만 왜 초면에
자꾸 친구라고…?
누갸?

누가 이기든…
미래는 없다!

토뚫어질 테다!!
세상에
저게 뭐람?!
겅중
겅중

자유를 얻지 못한다면 이 자리에서 할복을…
귄작 그만!
지금 해변가에 내 동료들이 많이 모여 있으니 걔들과 합세하면 저 괴물들을 한꺼번에 물리칠 수 있을 거야! 내가 동료들을 모아 올게.
그렇게까지 우릴 위해주다니, 자네의 우정이 황홀하군…
와
락
내가 한 황홀 하지. 해변가까지 지름길을 알려줘.
가장 빨리 갈 수 있는 길은 어쩌고저쩌고…
계획대로!
크크큭… 멍청한 놈들. 백날 기다려봐라, 난 절대 안 돌아와.
이걸로 백곰탱이도 해결했고 지구 한 바퀴를 헤엄칠 수 있는 나의 심폐지구력으로
배 따위 필요 없이 그대로 헤엄쳐서 북극으로 돌아가야지!
설마하니 여기서 애먼 녀석 하나 마주치겠어?
폭
내 심정을 대변하듯 폭신한 효과음이군. 실제로도 폭신한데?
?
여러분, '설마' 하는 상황은 그냥 마음으로만 생각하세요. 부리 밖으로 내지 말고…

구하러 가야 해

그래도 이놈이랑 별로 친하지 않아 다행이군. 서로 어색해하고 있으니 헤어지기도 쉽지.

큼큼…
흠흠…

그, 그럼 먼저 일어나볼게. 천천히 쉬다 와~
그, 그래? 알았어~

저…
그…

잠깐, 저 녀석도 혼자서 여기 있는 걸 보니 나처럼 다른 애들과 서먹한 사이인 거 같은데? 같은 처지끼리 친해질 수 있을 거야.

머, 먼저 얘기해.
아, 아냐, 너 먼저…
어색
어색
*역시나 초면

나도 슬슬 일어날 참이었거든, 같이 가자!
쑥
욱
권칫!
워매?!

에휴, 여행 한번 가보려다 이게 무슨 고생이야…
어류 무시하냐?
그래도 열심히 잡았어! 이것만 더하면 대강…
어류 무시하냐고!
엉? 모아놨던 물고기들 다 어디 갔어? 하푸, 잘 보고 있으라 했잖아!
텅
……
나는 지금 몹시 언짢다.
소름 돋는 다리 네 개가 계속해서 말을 걸어오기 때문이다.
그래서 말이야~ 어쩌구저쩌구~
다른 녀석들은 자기들끼리만 놀려 해서 불편하단 말이지.
응.
그래도 넌 성격이 좋아서 친근감이 있는 거 같아.
그래.
드디어 나에게도 대화 나눌 수 있는 친구가 생겼어…!

이 성가신 녀석을 떼어내야 조용히 떠날 수 있겠어…

고마워, 친구!!
뒤도 안 돌아보고 가면서 친구는 무슨…
아니지, 오히려 진짜 친구라고 생각해서 구한답시고 딴 놈들 우르르 끌고 오면 골치니까 되려 다행이라 생각할까.
그럼 기쁘게 춤을 추며 가보실까! 뀐아래 뀐뀐아래~

깜토
네가 놀랄까 봐 말을 안 했지만, 사실 지금까지 괴물한테 쫓기고 있었어.
진짜 괴물이 있었어?

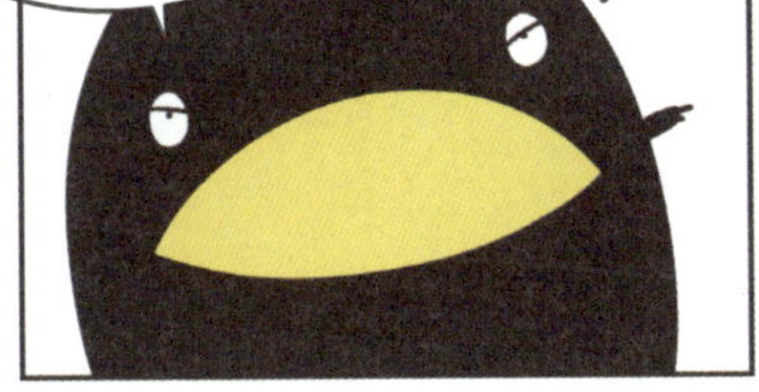

그래. 지금도 맹렬히 우릴 쫓아오고 있을 거야. 서둘러야 해!
내가 이쪽으로 놈을 유인할 테니 너라도 어서 도망치라구!

얘들아…! 얘들아!
가뜩이나 심란한데 웬 소란이야?

치, 친구야…
올 막

뀐뀐이를 구하러 가야 해!

머그 꺼야?

도대체 무슨 일이야? 진정하고 차분하게 얘기해봐.
흑흑… 귄… 귄귄이가.

여하튼 위기에 처한 친구를 내버려둘 순 없지! 당장 구하러 가자!
우리!
잠깐잠깐! 생각을 하고 움직이자고!

여기부턴 나 혼자 가겠어. 소중한 너를 위험에 빠뜨릴 순 없으니까.
*망상입니다

상대는 꾸꼼이조차 먹어버린 괴물! 우리가 상대가 될 리 없잖아!
이미 먹힌 걸로 확정인 거야?
꽈앙

난 항상 너와 함께 있을 거야. 우리의 우정을 잊지 마, 보이(Boy).
*역시나 망상입니다
그러곤 날 위해서 괴물과 싸우러 갔어!
엉
엉
더러운 놈이었군…
일편단심이라고 하지 않았나, 그 녀석?

괴물이라도 문제없어. 구하러 간다!
아니, 대체 무슨 자신감으로 이런 똥배짱을 부리는 거야?

이런 자신감.
……

대등해 보이는 상황은
사실 꾸꼼에게 몹시도
불리하게 진행되었다.

귄귄이를 내놔라
이 괴물들아!
지, 진정하라고.
재넨 누가 봐도
펭귄인데.

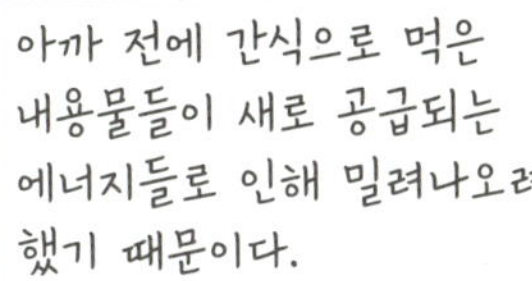
아까 전에 간식으로 먹은
내용물들이 새로 공급되는
에너지들로 인해 밀려나오려
했기 때문이다.

갑자기
황홀한
기분이…?

오오~ 우리를
도와주기 위해 와주신
분들이구나!
황홀하군요.

그리고 이제 그 한계치에 봉착했다.
꾸루룩

저것들이
선빵을
치려 하는데?
구세주들을 감사의
포옹으로 맞이합시다!
그냥 반가워하는
제스처 같네만…?

뭔가 구수한 맛이
강해진 거 같은데
기분 탓인가?

기세에 밀릴 수 없지,
타벤져스 어셈블!!

지상 최강의 도시락

으직—
퍽 퍽—
뻐걱—
식사 중에 에티켓 없이 소란이라니. 감칠맛이 더해져서 집중해야 하거늘.

우, 우리 잠깐만 휴전하지 않을래?

응?

그, 그럴까?
한계였는데 다행이다… 근데 왜 먼저 그만두자고 하는 거지?

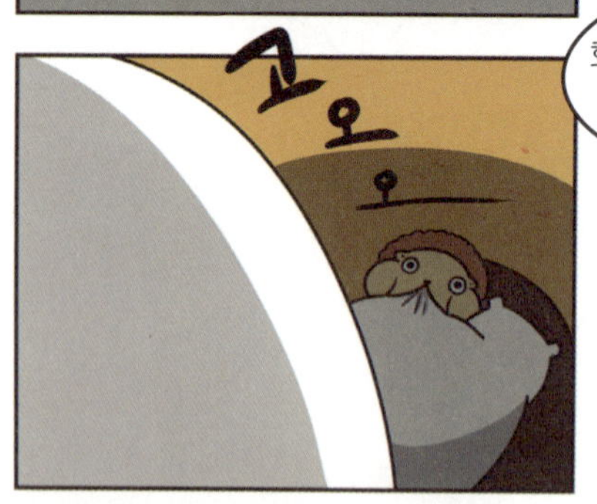

고오오

일단 잽싸게 화장실부터 갔다 오고 다시 혼내주자! 아무도 날 막을 수 없…

머그 꺼야?

고오오

뭔진 몰라도
엄청난 덩치를 보아 강한 건
분명하다. 심리전을 먼저
걸어보자.
사, 상당히 크구나.
너같이 큰 아이는 처음
보는데 넌 누구지?

우리의 황홀한
반가움을 이해하지 못하는
너희가 불쌍해!
뭔 새소리야!
빨리 귄귄이나 내놔,
이 괴물들아!

더시락.

괴물이라니!
눈이 있으면 저길 보고
얘기하라구. 저게 바로
괴물이지!

역시 그럼 그렇지,
너같이 덩치만 큰 녀석들은
도시락 말곤 할 게 없…

저 어마어마한
덩치의 괴물을…

응?

황
홀

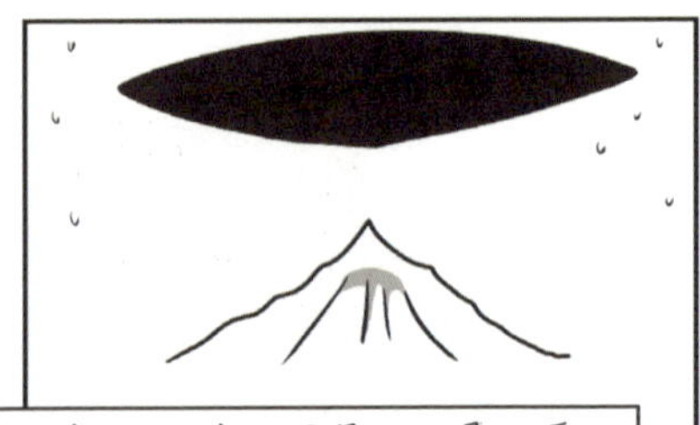

그럴 때가 있다. 온몸에 소름이 돋고
식은땀이 줄줄 흘러내릴 때…

스쳐가는 바람에도 사시나무처럼 떨리며
온몸이 경직되는…

그때는 체감에 모든 걸 곤두세우느라 주위에서
어떤 소리가 나든 귀에 들어오지 않는다.

또 만나요! 

멋있는! 사나귄!
많고 많~지만~ 내가 바로!
사나귄! 멋진 사나귄~

어…

이쯤에서 나가면
바다가 보이겠군!

전 이만
남극으로
가볼게요.

자, 아무
방해 없이 뻥 뚫린
해안가로
나가보실까!

들어올 땐 공짜로
들어왔어도…

나갈 땐
두 배란다.
혼자 간다니까!
그리고 은근슬쩍
두 배로 올리지 마!

…는 농담이고.
회사 방침이 바뀌어서
너희들을 무료로
태워주기로 했단다.
와, 정말요?
나중 가서
딴소리하는 거
아녜요?
내가 대선에
나가지 않는 이상
그럴 일은 없다.

마이 후렌드들아~
어디 있니~

헤헤! 그럼
제일 좋은 자리에
승선해보실까.
잠깐, 배는
정원이 모두 탑승해야
출발할 수 있어.
다른 아이들도
여기로
불러오려무나.
첫, 손님 관리는
선장이 알아서 해야
하는 거 아니에요?

어얽?

쿵
쿵
꺄!!
왜 안 머그 꺼야?

쓰나미로 워터파크
관리 당해볼래?
다, 당장 모아 옵죠.

뭐야, 이거.
내가 모르는 새 장르가 괴수물로
바뀐 거야?
뭐, 어쨌든 알아서
가주니까 편하네. 근데 어디서
구수한 냄새가…?

다 모였으면
출발합니다.
슝슝!

바람처럼
왔다가 이슬처럼
가버리는구나…
황홀한
뒷모습.

그래도 덕분에
참 익스트림하게 황홀한
하루를 보냈다.
재미졌습니다.

그럼 다시
평화로운 일상으로
돌아가볼까.
마음의 피스.

이래저래 지연되긴 했지만
이제 편하게 남극으로 갈 수
있게 되었군.

남극이라니?
서비스 차원으로 집까지만
데려다주는 건데.
물론 도착할 때까진 배에서
절대 못 내린단다.

아지떠
안 머그 꺼야?
저리 가

하푸와 친구들의 운명은…?

작가의 말

안녕하세요, 독자 여러분.

꿀때징입니다.

벌써 웹툰 <하푸하푸>가 완결된 지도
4년 여의 시간이 지나 이렇게 단행본이 나오게 되었어요.
그때 그 시절 하푸하푸를 사랑해준 독자 여러분들은
지금쯤 초등학생에서 중학생으로,
중학생에서 고등학생으로, 고등학생에서 성인이 되어 있겠지요.
비록 독자 여러분이 성장하시는 과정에 함께해드리진 못했지만,
이렇게나마 재회하여 서로의 추억을 도닥여줄 수 있어 기쁩니다.
언젠가 꼭 다시 만나자고 약속했던
마지막 회에서의 말을 늦게나마 지킵니다.
<하푸하푸>를 사랑해주시고 지금까지 기억해주셔서 감사합니다.

꿀때징

하푸하푸, 네가 있어서 즐거운 일이 많아졌어

초판 1쇄 인쇄일 2020년 1월 2일
초판 1쇄 발행일 2020년 1월 7일

지은이 꿀때징
펴낸이 정은영
편집 고은주 정사라
디자인 안선주 김혜원
마케팅 이재욱 최금순 오세미 한지혜 김하은
제작 홍동근

펴낸곳 꼼지락
출판등록 2001년 11월 28일 제2001-000259호
주소 04047 서울시 마포구 양화로6길 49
전화 편집부 (02)324-2347, 경영지원부 (02)325-6047
팩스 편집부 (02)324-2348, 경영지원부 (02)2648-1311
이메일 spacenote@jamobook.com

ISBN 978-89-544-4191-9 (07810)

• 잘못된 책은 구입처에서 교환해드립니다.
• 저자와의 협의하에 인지는 붙이지 않습니다.
• 꼼지락은 "마음을 움직이는(感) 즐거운(樂) 지식을 담는(知)" ㈜자음과모음의 브랜드입니다.

이 도서의 국립중앙도서관 출판시도서목록(CIP)은 서지정보유통지원시스템 홈페이지(http://seoji.nl.go.kr)와 국가자료공동목록시스템(http://www.nl.go.kr/kolisnet)에서 이용하실 수 있습니다.(CIP제어번호: CIP2019050323)